# 흉내 내는 말 ①

다음 상황에 어울리는 낱말을 사다리를 타고 내려가 확인하세요.

처음 만난 동생은 엄마 품에서 곤히 자고 있었어요.

동생이 생겨 신이 난 저는 "야호!" 하고 크게 소리쳤어요.

깜짝 놀란 동생이 울어서 소리가 나지 않게 다가갔어요.

저는 동생에게 놀라게 해서 미안하다고 속삭였어요.

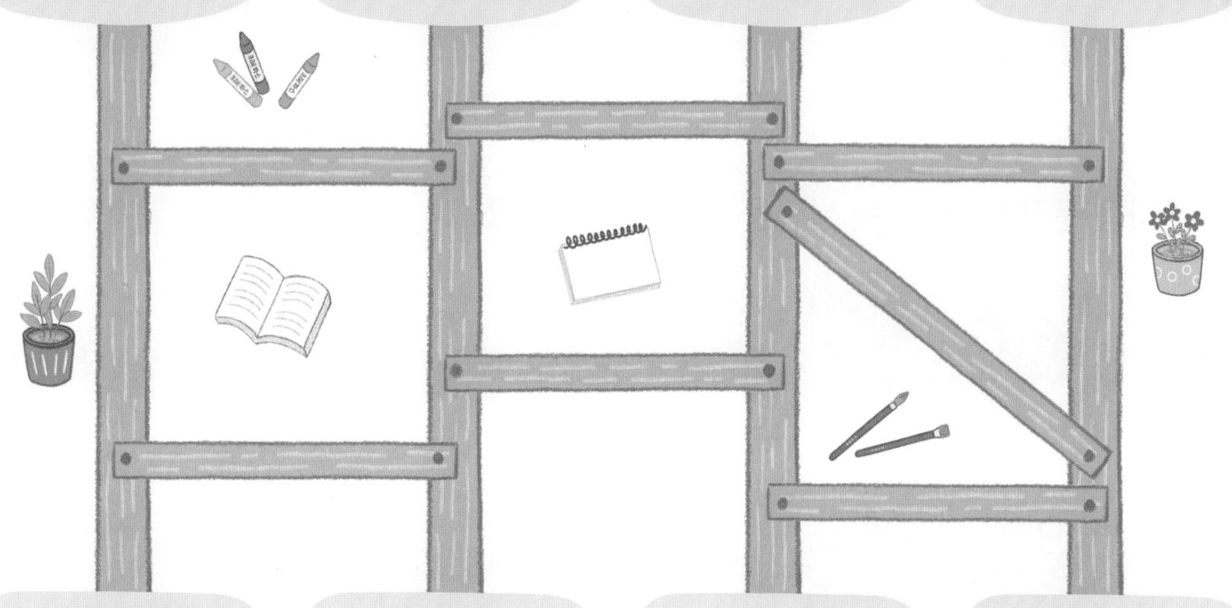

**쩌렁쩌렁**

목소리가 자꾸 크고 높게 울리는 소리.

**살금살금**

남이 알아차리지 못하도록 조용히 움직이는 모양.

비슷한말 가만가만

**소곤소곤**

남이 알아듣지 못하도록 작은 목소리로 자꾸 가만가만 이야기하는 소리나 모양.

**새근새근**

어린아이가 곤히 잠들어 조용하게 자꾸 숨 쉬는 소리.

오늘 우리 집에는 무슨 일이 일어났나요?
우리 집의 모습을 다양하게 표현할 수 있는 낱말들을 열심히 공부해 봐요.

## 1 다음 뜻에 알맞은 낱말이 완성되도록 빈칸에 들어갈 글자를 글자판에서 찾아 쓰세요.

어휘 확인

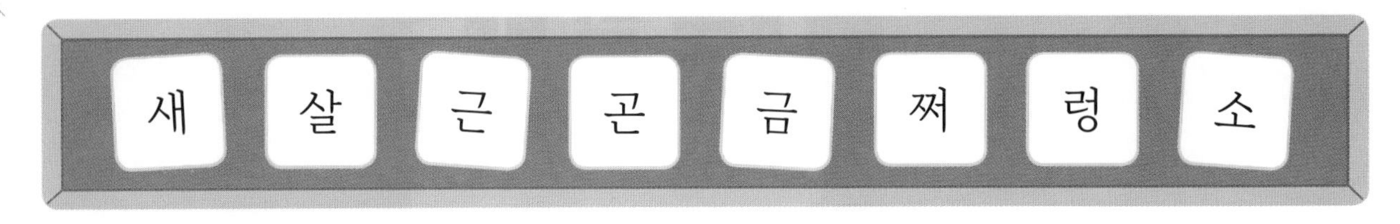


(1) 목소리가 자꾸 크고 높게 울리는 소리.

(2) 남이 알아차리지 못하도록 조용히 움직이는 모양.

(3) 어린아이가 곤히 잠들어 조용하게 자꾸 숨 쉬는 소리.

(4) 남이 알아듣지 못하도록 작은 목소리로 자꾸 가만가만 이야기하는 소리나 모양.

## 2 다음 문장에 어울리는 낱말을 찾아 ○표 하세요.

어휘 적용

(1) 

소미가 친구에게 ( 새근새근, 소곤소곤 ) 귓속말을 했다.

(2) 

관객들의 함성 소리가 경기장에 ( 살금살금, 쩌렁쩌렁 ) 힘차게 울렸다.

## 3 다음 중 밑줄 친 낱말을 알맞게 사용하여 말한 친구의 말풍선에 색칠하세요.

어휘 적용

아기가 살금살금 웃고 있어.

강아지가 새근새근 잠을 자고 있어.

길 건너편에 있는 친구를 있는 힘껏 소곤소곤 불렀어.

4 어휘 적용

**다음 중 빈칸에 '소곤소곤'이 들어갈 알맞은 문장을 찾아 기호를 쓰세요.**

㉠ 버스에서 친구가 내 귀에 대고 (　　　　) 속삭였다.
㉡ (　　　　) 울리는 천둥소리에 고양이가 깜짝 놀랐다.
㉢ 운동장에 모인 아이들이 (　　　　) 큰 소리로 외쳤다.

(　　　　　　　)

5 어휘 확장

**다음 밑줄 친 부분과 뜻이 비슷한 낱말을 찾아 ○표 하세요.**

누나를 놀라게 하려고 살금살금 다가갔다.

가만가만 　 두근두근 　 콩닥콩닥 　 폴짝폴짝

짝꿍어휘

6 **다음 낱말과 짝을 이루는 낱말을 찾아 선으로 이으세요.**

(1) 쩌렁쩌렁 •　　　　• ㉮ 속삭이다
↳ 남이 알아듣지 못하도록 나지막한 목소리로 가만가만 이야기하다.

(2) 소곤소곤 •　　　　• ㉯ 울리다
↳ 소리 때문에 땅이나 건물 등이 떨리다.

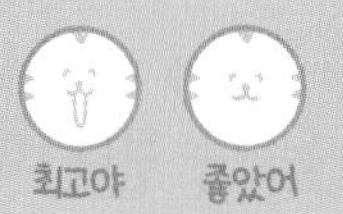

○ **다음 글을 읽고, 물음에 답하세요.**

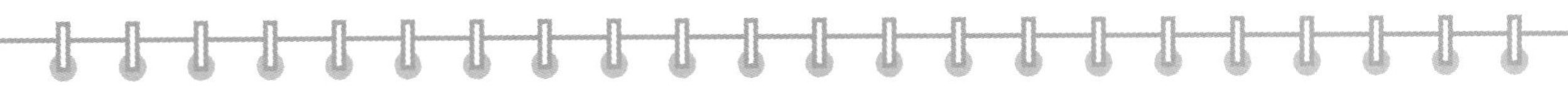

오늘은 며칠 전에 태어난 동생을 처음 만나는 날이에요. 엄마 품에 안겨서 ( ㉠ ) 자고 있는 동생이 정말 귀여웠어요. 그토록 만나고 싶었던 동생이라니! 지우는 기분이 너무 좋아서 "야호!" 하고 소리쳤어요. 집 안이 ( ㉡ ) 울릴 만큼 큰 소리로요. 그러자 잠에서 깬 동생이 큰 소리로 울기 시작했어요. 엄마는 우는 동생을 토닥토닥 달래 주었고, 아빠는 당황한 지우의 어깨를 토닥토닥 두드려 주었어요. 지우는 동생에게 **살금살금** 다가가 **소곤소곤** 귓속말을 했어요.

"동생아, 놀라게 해서 미안해!"

지우의 말을 이해한 것인지, 동생이 방긋 웃었어요.

## 7 이 글에서 일어난 일로 알맞은 것에 ○표 하세요.

| 오늘 지우는 동생을 처음 만났어요. | 지우는 동생을 보고 울기 시작했어요. | 엄마는 당황한 지우를 달래 주었어요. |
|---|---|---|
| (　　) | (　　) | (　　) |

## 8 ㉠과 ㉡에 들어갈 낱말을 알맞게 짝지은 것은 무엇인가요? (　　　)

| | ㉠ | ㉡ |
|---|---|---|
| ① | 새근새근 | 소곤소곤 |
| ② | 살금살금 | 소곤소곤 |
| ③ | 쩌렁쩌렁 | 새근새근 |
| ④ | 새근새근 | 쩌렁쩌렁 |
| ⑤ | 소곤소곤 | 새근새근 |

# 흉내 내는 말 ②

다음 퍼즐 모양을 보고, 빈칸에 들어갈 알맞은 낱말을 쓰세요.

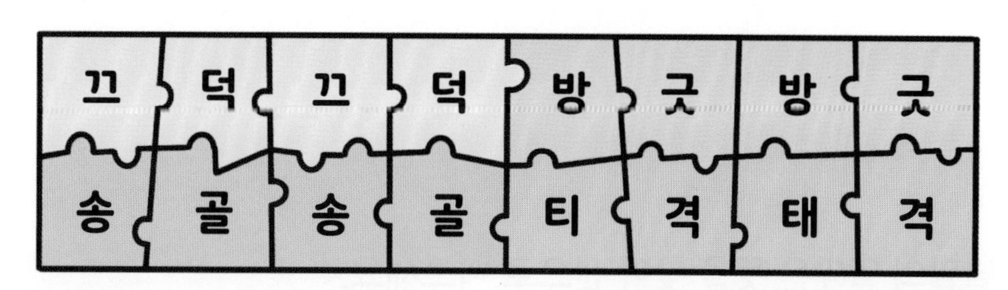


친구들이 환하게 웃으며 놀이터에서 놀고 있었어.

입을 예쁘게 약간 벌리며 자꾸 소리 없이 가볍게 웃는 모양.

비슷한말 벙긋벙긋

훈이는 혼자서 그네를 차지하고 있다가 로아와 다투었어.

서로 뜻이 맞지 않아 말로 다투는 모양.

비슷한말 옥신각신

훈이가 로아에게 사과하자 로아가 고개를 끄덕였어.

고개를 아래위로 가볍게 계속 움직이는 모양.

비슷한말 까딱까딱

친구들은 함께 이마에 땀이 맺히도록 뛰어놀았어.

작은 땀방울들이 살갗 위에 많이 돋아나 있는 모양.

놀이터에서 친구들과 놀다 보면 많은 일이 일어나요.
즐거움이 가득한 놀이터에서 있었던 일을 떠올리며 열심히 공부해 봐요.

## 1 다음 낱말의 뜻으로 알맞으면 에 ○표, 알맞지 않으면 에 ○표 하세요.

어휘 확인

(1) 티격태격 목소리가 자꾸 크고 높게 울리는 모양.

→ 

(2) 송골송골 작은 땀방울들이 살갗 위에 많이 돋아나 있는 모양.

→ 

## 2 다음 낱말의 알맞은 뜻을 찾아 선으로 이으세요.

어휘 확인

(1) 끄덕끄덕 •

(2) 방긋방긋 •

• ㉮ 고개를 아래위로 가볍게 계속 움직이는 모양.

• ㉯ 입을 예쁘게 약간 벌리며 자꾸 소리 없이 가볍게 웃는 모양.

## 3 다음 문장에 어울리는 낱말을 보기에서 찾아 빈칸에 쓰세요.

어휘 적용

보기

송골송골, 티격태격

(1) 

누나와 형은 서로 자기가 옳다고 ( ) 싸웠다.

(2) 

뜨거운 음식을 먹으니 코에 땀이 ( ) 돋는다.

**4** 어휘 확장

**다음 문장과 뜻이 비슷한 문장을 찾아 ○표 하세요.**

두 아이가 과자 하나를 두고 티격태격 싸우고 있었다.

(1) 두 아이가 과자 하나를 두고 옥신각신 싸우고 있었다. (    )
(2) 두 아이가 과자 하나를 두고 옹기종기 싸우고 있었다. (    )

**5** 어휘 확장

**다음 밑줄 친 부분과 뜻이 비슷한 낱말을 찾아 ○표 하세요.**

선우는 대답 대신 알았다는 듯이 고개를 끄덕끄덕거렸다.

까딱까딱 깜빡깜빡 꼬깃꼬깃 끈적끈적

짝꿍어휘
**6**

**다음 보기 의 낱말 뜻을 참고하여 ㉠과 ㉡에 들어갈 알맞은 낱말을 쓰세요.**

보기
- 다투다: 생각이나 마음이 달라 서로 따지며 싸우다.
- 졸다: 완전히 잠이 들지는 않으면서 자꾸 잠이 들려는 상태가 되다.

사이가 좋지 않은 개와 원숭이는 오늘도 티격태격 ( ㉠ ). 시끄러운 와중에도 호랑이 할아버지는 나무 그늘 아래에서 끄덕끄덕 ( ㉡ ).

티격태격 ㉠ 
끄덕끄덕 ㉡ 

# 독해로 어휘 마무리

오늘의 나의 실력은?
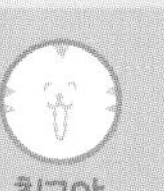

최고야 좋았어 힘내자

**○ 다음 일기를 읽고, 물음에 답하세요.**

20○○년 4월 3일 수요일

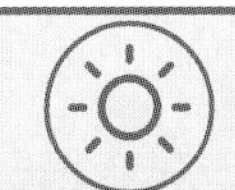

오늘은 친구들과 함께 놀이터에서 놀았다. 우리는 모두 **방긋방긋** 웃으며 신나게 놀고 있었다. 하지만 훈이가 너무 오랫동안 그네를 차지하고 있어서, 그네가 타고 싶었던 ㉠로아와 다투게 되었다. 나는 친구들이 싸우는 것을 보고만 있을 수 없었다. 그래서 훈이에게 그네를 오래 탔으니 로아에게 양보하고 나와 함께 시소를 타자고 말했다. 훈이가 그네에서 일어서며 로아에게 사과하자 ㉡로아는 고개를 아래위로 흔들며 사과를 받아 주었다.

우리는 한참을 놀이터에서 뛰어놀았다. 집에 갈 때가 되니 모두 이마에 땀이 **송골송골** 맺혀 있었다.

**7** 이 글의 내용으로 알맞은 것은 무엇인가요? (    )

① 훈이는 로아에게 사과하지 않았어요.
② 세 친구는 모두 함께 그네를 타기로 했어요.
③ 로아는 오랫동안 그네를 차지하고 있었어요.
④ 세 친구는 놀이터에서 땀이 날 때까지 놀았어요.
⑤ '나'는 로아와 훈이가 싸우는 것을 구경만 했어요.

**8** ㉠과 ㉡에 어울리는 흉내 내는 말을 알맞게 짝지은 것은 무엇인가요? (    )

| | ㉠ | ㉡ |
|---|---|---|
| ① | 방긋방긋 | 송골송골 |
| ② | 새근새근 | 티격태격 |
| ③ | 송골송골 | 끄덕끄덕 |
| ④ | 티격태격 | 끄덕끄덕 |
| ⑤ | 티격태격 | 송골송골 |

# 흉내 내는 말 ③

다음 열쇠 모양과 열쇠 구멍을 보고, 빈칸에 들어갈 알맞은 낱말을 쓰세요.

**도란도란**

여럿이 작고 낮은 목소리로 정답게 이야기하는 소리나 모양.

비슷한말 두런두런

**둥실둥실**

물체가 공중이나 물 위에 가볍게 떠서 계속 움직이는 모양.

**살랑살랑**

조금 사늘한 바람이 가볍게 자꾸 부는 모양.

비슷한말 간들간들

**파릇파릇**

여러 군데가 약간 파란 모양.

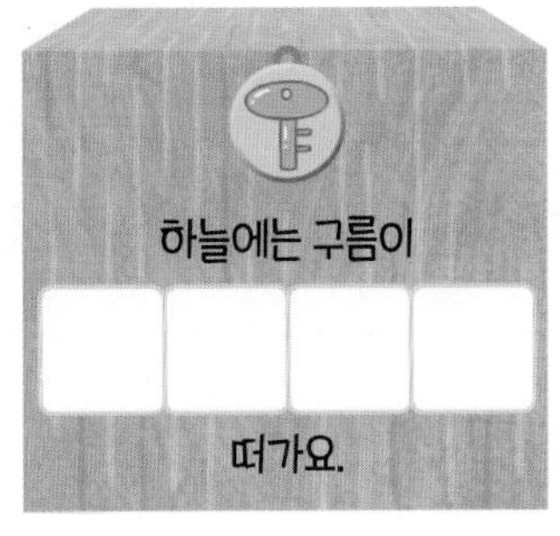


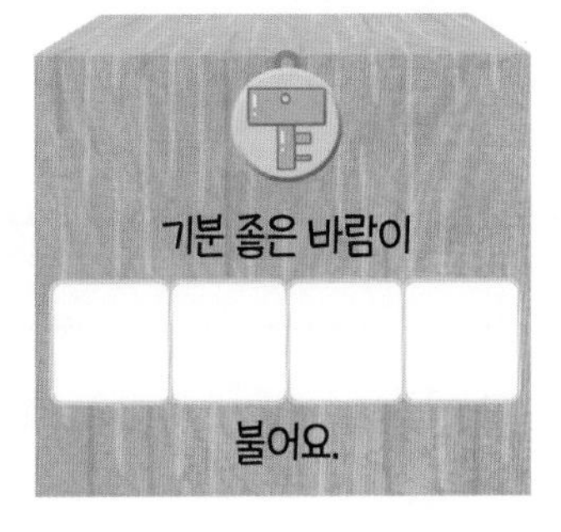

살랑살랑 바람이 부는 화창한 봄날에 나들이를 나가 본 적이 있나요?
그때의 즐거운 추억을 떠올리며 열심히 공부해 봐요.

## 1 다음 낱말의 알맞은 뜻을 찾아 선으로 이으세요.

어휘 확인

(1)  도란도란 • • ㉮ 여러 군데가 약간 파란 모양.

(2)  둥실둥실 • • ㉯ 조금 사늘한 바람이 가볍게 자꾸 부는 모양.

(3) 살랑살랑 • • ㉰ 물체가 공중이나 물 위에 가볍게 떠서 계속 움직이는 모양.

(4) 파릇파릇 • • ㉱ 여럿이 작고 낮은 목소리로 정답게 이야기하는 소리나 모양.

## 2 다음 중 밑줄 친 낱말을 알맞게 사용하여 말한 친구의 말풍선에 색칠하세요.

어휘 적용

봄바람이 도란도란 불어요.

고기가 살랑살랑 맛있게 익었어요.

나뭇가지에 새싹이 파릇파릇 돋아났어요.

## 3 다음 중 빈칸에 '둥실둥실'이 들어갈 알맞은 문장을 찾아 기호를 쓰세요.

어휘 적용

㉠ 강아지가 꼬리를 (　　　　) 흔든다.
㉡ 풍선이 하늘 위로 (　　　　) 날아가다.
㉢ 바람이 불어 커튼이 (　　　　) 흔들렸다.

(　　　　　　　)

## 4 다음 문장과 뜻이 비슷한 문장을 찾아 ○표 하세요.

어휘 확장

아이들이 교실에 모여 도란도란 대화를 나누고 있다.

(1) 아이들이 교실에 모여 두런두런 대화를 나누고 있다. (     )

(2) 아이들이 교실에 모여 티격태격 대화를 나누고 있다. (     )

## 5 다음 밑줄 친 부분과 뜻이 비슷한 낱말을 찾아 ○표 하세요.

어휘 확장

살랑살랑 불어오는 바람에 머리카락이 흔들렸어요.

가닥가닥 　 간들간들 　 도란도란 　 철썩철썩

짝꿍어휘

## 6 다음 보기의 낱말 뜻을 참고하여 ㉠과 ㉡에 들어갈 알맞은 낱말을 쓰세요.

보기

- 대화하다: 마주 대하여 이야기를 주고받다.
- 떠가다: 물체 등이 물 위나 공중에 떠서 저쪽으로 가다.

어느 맑은 날, 배 하나가 바다 위를 둥실둥실 ( ㉠ ). 사이좋은 부부가 배 위에 앉아 도란도란 ( ㉡ ).

둥실둥실 — ㉠ 　 도란도란 — ㉡

○ 다음 기사를 읽고, 물음에 답하세요.

**○○ 어린이신문** 20○○년 4월 12일 금요일

며칠 동안 내리던 비가 그치고 화창한 봄 날씨가 찾아왔습니다. 오늘은 날씨가 따뜻하고 하늘이 맑아 많은 사람들이 공원에서 나들이를 즐겼습니다.

**둥실둥실** 떠가는 구름 아래로 넓게 펼쳐진 멋진 초원에는 ( ㉠ ) 풀이 돋아나기 시작했습니다. 많은 사람들이 친구 또는 가족과 함께 돗자리를 펴고 앉아 즐거운 한때를 보냈습니다. **살랑살랑** 부는 바람을 맞으며 **도란도란** 대화를 나누는 사람들의 입가에는 미소가 끊이질 않았습니다.

이번 주말까지 화창한 날씨가 이어진다고 하니 나들이를 떠나는 사람들이 더욱 많아질 것으로 보입니다. 지금까지 이지혜 어린이 기자였습니다.

**7** **이 글의 내용으로 알맞은 것은 무엇인가요? (　　　　)**

① 오늘은 날씨가 춥고, 하늘이 흐려요.
② 많은 사람들이 공원에서 옥신각신 싸우고 있어요.
③ 이지혜 기자는 가족들과 함께 나들이를 즐기고 있어요.
④ 많은 사람들이 돗자리를 펴고 앉아 대화를 나누고 있어요.
⑤ 사람들은 단풍이 울긋불긋 물든 가을 산의 풍경을 구경하고 있어요.

**8** **㉠에 들어갈 낱말을 알맞게 이야기한 친구의 이름을 쓰세요.**

- 유준: '여러 군데가 약간 파란 모양.'을 나타내는 '파릇파릇'이 들어가야 해.
- 한별: '얇은 물체가 바람에 날려 자꾸 가볍게 움직이는 모양.'을 나타내는 '나풀나풀'이 들어가야 해.

(　　　　　　　　)

# 흉내 내는 말 ④

✎ 다음 낱말의 뜻을 보고, 빈칸에 알맞은 낱말을 써서 이야기를 완성하세요.

| 노릇노릇 | 반짝반짝 | 왁자지껄 | 철썩철썩 |
| --- | --- | --- | --- |
| 빛깔이 군데군데 조금씩 노란 모양.<br>비슷한말 노름노름 | 작은 빛이 잠깐 잇따라 나타났다가 사라지는 모양. | 여럿이 한데 모여 마구 떠드는 모양. | 아주 많은 양의 물 등의 물질이 자꾸 단단한 물체에 마구 부딪치는 소리. |

우리 동네에서는 어떤 것들을 볼 수 있나요?
내가 사는 동네를 떠올리며 열심히 공부해 봐요.

## 1 다음 낱말의 알맞은 뜻을 보기에서 찾아 기호를 쓰세요.

어휘 확인

보기

㉠ 빛깔이 군데군데 조금씩 노란 모양.
㉡ 여럿이 한데 모여 마구 떠드는 모양.
㉢ 작은 빛이 잠깐 잇따라 나타났다가 사라지는 모양.
㉣ 아주 많은 양의 물 등의 물질이 자꾸 단단한 물체에 마구 부딪치는 소리.

(1) 노릇노릇 (　　　　)　　(2) 반짝반짝 (　　　　)
(3) 왁자지껄 (　　　　)　　(4) 철썩철썩 (　　　　)

## 2 다음 문장에 어울리는 낱말을 찾아 ○표 하세요.

어휘 적용

(1) 

바닷가에 앉아 ( 노릇노릇, 철썩철썩 ) 물결이 바위에 부딪치는 소리를 들었다.

(2) 

쉬는 시간이 되자 교실마다 ( 반짝반짝, 왁자지껄 ) 아이들이 떠드는 소리가 들려왔다.

## 3 다음 중 빈칸에 '노릇노릇'이 들어갈 알맞은 문장을 찾아 기호를 쓰세요.

어휘 적용

㉠ 김치찌개가 (　　　　) 끓고 있다.
㉡ 새우튀김이 (　　　　) 잘 튀겨졌다.
㉢ 많은 재료를 한데 넣고 (　　　　) 섞었다.

(　　　　　　　)

## 4 다음 중 밑줄 친 낱말을 알맞게 사용하여 말한 친구의 말풍선에 색칠하세요.

어휘 적용

## 5 다음 문장과 뜻이 비슷한 문장을 찾아 ○표 하세요.

어휘 확장

소시지를 노릇노릇 구워서 맛있게 먹었다.

(1) 소시지를 느릿느릿 구워서 맛있게 먹었다. (　　　)

(2) 소시지를 노릇노릇 구워서 맛있게 먹었다. (　　　)

짝꿍어휘

## 6 다음 낱말과 짝을 이루는 낱말을 찾아 선으로 이으세요.

(1) 반짝반짝 • 　　　　• ㉮ 빛나다

↳ 빛을 받아 반짝거리거나 윤이 나다.

(2) 철썩철썩 • 　　　　• ㉯ 파도치다

↳ 바다에 물결이 일어나다.

오늘의 나의 실력은?

최고야 좋았어 힘내자



정답확인

○ 다음 글을 읽고, 물음에 답하세요.

우리 마을을 소개합니다. 우리 마을은 바닷가에 있어서 언제든지 해변을 걸으며 **철썩철썩** 파도치는 소리를 들을 수 있습니다. 이런 멋진 바다 풍경을 즐기기 위해 해마다 많은 사람들이 우리 마을로 여행을 옵니다. 그래서 여름이면 바닷가에는 사람이 많아 ㉠ **왁자지껄**하고 활기가 넘칩니다.

바닷가 근처에는 맛있는 해산물을 파는 음식점이 줄지어 있습니다. 음식점에서는 생선이 ㉡ **노릇노릇** 익어 가는 모습을 볼 수 있습니다.

마을 근처 산에는 전망대가 있는데, 전망대에서 아래를 내려다보면 끝없이 펼쳐진 바다가 **반짝반짝** 빛나는 것을 구경할 수 있습니다.

◆ **전망대:** 멀리 내다볼 수 있도록 높이 만든 곳.

## 7 이 글의 내용으로 알맞은 것에 ○표 하세요.

| 우리 마을에는 해마다 많은 사람들이 놀러 와요. | 우리 마을에서는 끝없이 펼쳐진 초원을 볼 수 있어요. | 바닷가 근처에는 나물을 파는 식당이 줄지어 있어요. |
|---|---|---|
| (　　　) | (　　　) | (　　　) |

## 8 ㉠과 ㉡의 뜻을 알맞게 이야기한 친구에게 각각 ○표 하세요.

㉠
(1) 선하: 여럿이 모여 마구 떠드는 모양을 흉내 내는 말이야. (　　　)
(2) 유진: 여럿이서 작은 소리로 속삭이는 모양을 흉내 내는 말이야. (　　　)

㉡
(1) 유찬: 빛깔이 군데군데 조금씩 노란 모양을 흉내 내는 말이야. (　　　)
(2) 성민: 빛깔이 군데군데 조금씩 검은 모양을 흉내 내는 말이야. (　　　)

# 흉내 내는 말

다음 뜻에 알맞은 낱말을 가로, 세로, 대각선으로 찾아 연결하세요.

| | | | | | | | | |
|---|---|---|---|---|---|---|---|---|
| 끄 | 덕 | 끄 | 덕 | 주 | 반 | 고 | 등 | 도 |
| 초 | 파 | 릇 | 파 | 릇 | 짝 | 기 | 방 | 란 |
| 살 | 금 | 살 | 금 | 송 | 반 | 둥 | 긋 | 도 |
| 새 | 차 | 자 | 리 | 골 | 짝 | 실 | 방 | 란 |
| 랑 | 근 | 끄 | 슬 | 송 | 티 | 둥 | 긋 | 소 |
| 소 | 철 | 새 | 둥 | 골 | 격 | 실 | 미 | 금 |
| 란 | 썩 | 덕 | 근 | 태 | 노 | 릇 | 노 | 릇 |

1 여러 군데가 약간 파란 모양.
2 빛깔이 군데군데 조금씩 노란 모양.
3 고개를 아래위로 가볍게 계속 움직이는 모양.
4 남이 알아차리지 못하도록 조용히 움직이는 모양.
5 작은 빛이 잠깐 잇따라 나타났다가 사라지는 모양.
6 작은 땀방울들이 살갗 위에 많이 돋아나 있는 모양.
7 어린아이가 곤히 잠들어 조용하게 자꾸 숨 쉬는 소리.
8 물체가 공중이나 물 위에 가볍게 떠서 계속 움직이는 모양.
9 입을 예쁘게 약간 벌리며 자꾸 소리 없이 가볍게 웃는 모양.
10 여럿이 작고 낮은 목소리로 정답게 이야기하는 소리나 모양.

**1** **다음 밑줄 친 부분이 뜻하는 낱말을 빈칸에 쓰세요.**

맛있는 호박전이 군데군데 조금씩 노란 모양으로 익었어요.

| | | | |
|---|---|---|---|
| | | | |

**2** **다음 밑줄 친 낱말의 뜻으로 알맞은 것은 무엇인가요? (　　　　)**

즐거운 체육 대회 날이에요. 운동장에서는 이어달리기 경기가 한창이에요. 자기 반 선수를 응원하는 아이들의 소리가 쩌렁쩌렁 운동장에 울려 퍼졌어요.

① 목소리가 자꾸 크고 높게 울리는 소리.
② 서로 뜻이 맞지 않아 말로 다투는 모양.
③ 여러 사람이 한꺼번에 자지러지게 웃는 소리.
④ 여럿이 작은 목소리로 서로 정답게 이야기하는 소리.
⑤ 남이 알아듣지 못하도록 작은 목소리로 자꾸 가만가만 이야기하는 소리.

**3** **다음 밑줄 친 낱말과 뜻이 비슷한 낱말을 찾아 ○표 하세요.**

오랫동안 내리던 비가 그치고 날이 개었어요. 창문을 열자 시원한 바람이 살랑살랑 불어왔어요. 미래는 바람을 맞으며 창가에 앉아 책을 읽었어요.

( 간들간들, 가만가만, 부들부들 )

## 4 다음 밑줄 친 낱말과 뜻이 비슷한 낱말은 무엇인가요? (          )

오늘 교실에서 짝꿍을 바꾸었어요. 항상 티격태격 다투던 짝꿍 승훈이와 떨어져 앉게 되었어요. 기분이 좋을 줄 알았는데 어쩐지 아쉬운 마음이 들었어요. 자리를 옮기기 전에 승훈이와 악수하며 인사를 나누었어요.

① 도란도란　② 살금살금　③ 살랑살랑
④ 소곤소곤　⑤ 옥신각신

## 5 다음 빈칸에 들어갈 알맞은 낱말은 무엇인가요? (          )

깊은 숲속에 작은 옹달샘이 있었어요. 아침 햇살을 받아 옹달샘이 (          ) 빛나면, 숲속 동물들이 물을 마시러 모여들어요. 동물들은 옹달샘에서 정답게 아침 인사를 나누어요.

① 끄덕끄덕　② 반짝반짝　③ 방긋방긋
④ 송골송골　⑤ 파릇파릇

## 6 다음 빈칸에 들어갈 알맞은 낱말을 보기에서 찾아 써서 이 글의 제목을 완성하세요.

**보기**

도란도란, 살금살금, 쩌렁쩌렁, 파릇파릇

쥐들은 고양이가 움직일 때마다 방울 소리가 나면 좋겠다고 생각했어요. 용감한 쥐 한 마리가 고양이가 알아차리지 못하도록 눈치를 살피며 조용히 고양이에게 다가갔어요. 그리고 고양이 목에 조심스럽게 방울을 달았어요.

☐☐☐☐ 고양이 목에 방울 달기

# 한 걸음 더!

오늘의
나의 실력은?

최고야

좋았어

힘내자

1주 5일
정답확인

**○ 다음 빈칸에 들어갈 알맞은 관용 표현을 보기에서 찾아 쓰세요.**

**보기**

무릎을 치다, 머리를 맞대다, 입맛을 다시다, 고개를 끄덕이다

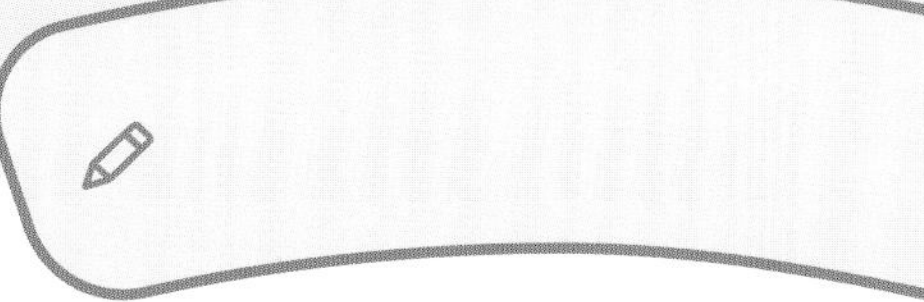

옳다거나 좋다는 뜻으로 고개를 위아래로 흔들다.

영우의 설명에 소은이는 고개를 끄덕였어.

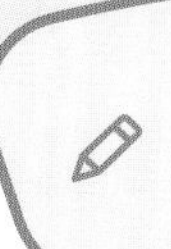

무엇인가를 갖고 싶어 하다.

준이는 진열된 사탕이 갖고 싶어서 입맛을 다셨어.

어떤 일을 의논하거나 결정하기 위하여 서로 마주 대하다.

우리는 문제를 해결하기 위해 머리를 맞대고 고민했어.

갑자기 어떤 놀라운 사실을 알게 되었거나 희미한 기억이 되살아날 때, 또는 몹시 기쁠 때 무릎을 탁 치다.

여진이는 좋은 생각이 났는지 무릎을 쳤어.

# 마음을 나타내는 말 ①

다음 상황에 어울리는 낱말을 사다리를 타고 내려가 확인하세요.

| 발표 중에 실수할까 봐 가슴이 콩닥콩닥해. | 친구들 앞에 서니 얼굴이 빨개졌어. | 친구들이 응원해 주니 힘이 나. | 발표를 마치고 나니 만족스러워. |
|---|---|---|---|

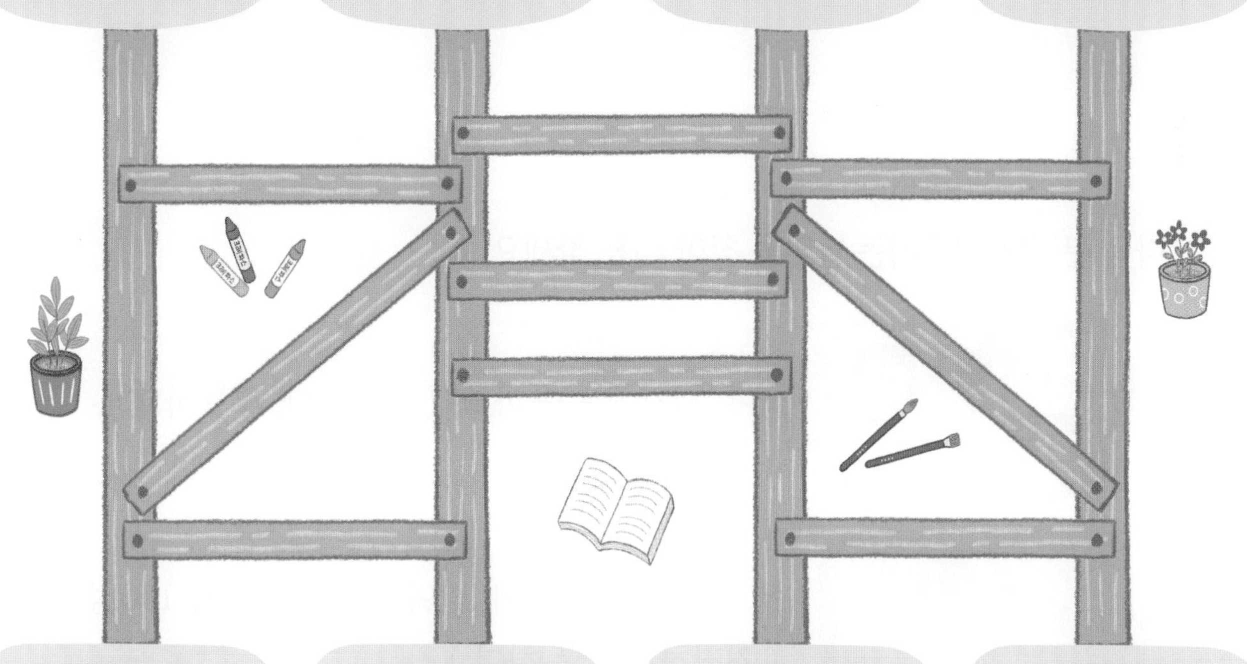

| 든든하다 | 긴장하다 | 뿌듯하다 | 부끄럽다 |
|---|---|---|---|
| □□□□ | □□□□ | □□□□ | □□□□ |
| 어떤 것에 대한 믿음이 있어 마음이 힘차다. | 마음을 놓지 않고 정신을 바짝 차리다. 반대말 풀어지다 | 기쁨이나 감격이 마음에 가득하다. 비슷한말 보람차다 | 쑥스럽거나 수줍다. 비슷한말 쑥스럽다 |

친구들과 선생님 앞에서 발표를 해 본 적이 있나요?
떨리지만 뿌듯했던 그때의 기억을 떠올리며 열심히 공부해 봐요.

## 1 다음 뜻에 알맞은 낱말이 완성되도록 빈칸에 들어갈 글자를 글자판에서 찾아 쓰세요.

어휘 확인

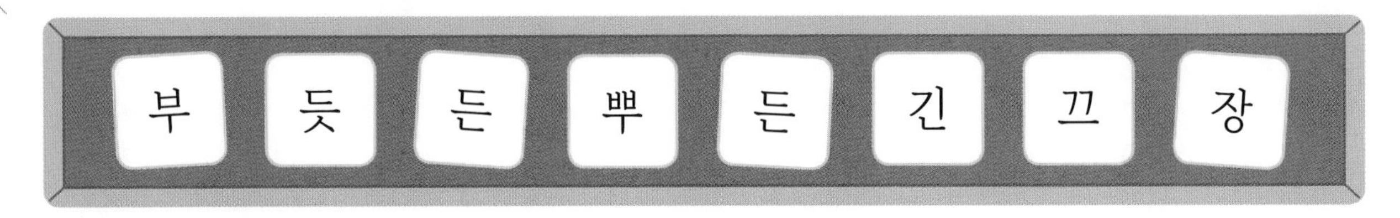


(1) 쑥스럽거나 수줍다. ☐☐럽다

(2) 기쁨이나 감격이 마음에 가득하다. ☐☐하다

(3) 마음을 놓지 않고 정신을 바짝 차리다. ☐☐하다

(4) 어떤 것에 대한 믿음이 있어 마음이 힘차다. ☐☐하다

## 2 다음 문장에 어울리는 낱말을 찾아 ○표 하세요.

어휘 적용

(1) 

약속 시간에 늦을까 봐 ( 긴장하다, 뿌듯하다 ).

(2) 열심히 공부한 끝에 받아쓰기 시험에서 100점을 받아 ( 긴장하다, 뿌듯하다 ).

## 3 다음 중 밑줄 친 낱말을 알맞게 사용하여 말한 친구의 말풍선에 모두 색칠하세요.

어휘 적용

믿을 수 있는 친구가 있어서 긴장돼.

친구들이 모두 나를 쳐다보니까 부끄러웠어.

열심히 청소해서 깨끗해진 방을 보니 뿌듯해.

## 4 다음 밑줄 친 부분과 뜻이 반대인 낱말을 찾아 색칠하세요.

어휘 확장

자전거를 처음 타서 몹시 <u>긴장하다</u>.

| 걱정하다 | 굳어지다 | 부끄럽다 | 풀어지다 |
|---|---|---|---|

## 5 다음 낱말과 뜻이 서로 비슷한 낱말을 찾아 선으로 이으세요.

어휘 확장

(1)  부끄럽다 •

• ㉮ 보람차다: 어떤 일을 한 뒤에 결과가 몹시 좋아 만족스럽다.

(2) 뿌듯하다 •

• ㉯ 쑥스럽다: 하는 짓이나 모양이 자연스럽지 못하거나 어울리지 않아 부끄럽다.

짝꿍어휘

## 6 다음 보기의 낱말 뜻을 참고하여 ㉠과 ㉡에 들어갈 알맞은 낱말을 쓰세요.

보기

- 조마조마하다: 닥쳐올 일에 대하여 걱정이 되어 마음이 불안하다.
- 쭈뼛거리다: 쑥스럽거나 부끄러워서 자꾸 머뭇거리거나 주저하다.

학예회 날 부모님 앞에서 실수할까 봐 <u>긴장되어</u> 마음이 ( ㉠ ). 먼저 공연을 하는 다른 친구들도 <u>부끄러운지</u> ( ㉡ ).

긴장되어 = ㉠

부끄러워서 = ㉡

오늘의 나의 실력은?

최고야 좋았어 힘내자

○ 다음 일기를 읽고, 물음에 답하세요.

20○○년 5월 13일 월요일

오늘은 학교에서 나의 꿈을 발표했다. 어제 아빠와 열심히 연습했지만 내 차례가 다가올수록 **긴장돼서** 가슴이 두근두근거렸다. 가장 먼저 멋지게 발표를 마친 예솔이가 부러웠다.

내 차례가 되어 친구들 앞에 섰다. 많은 친구들 앞에서 발표를 하려니 **부끄러워서** 얼굴이 빨갛게 달아올랐다. 그런데 예솔이가 힘차게 응원을 해 주자 **든든하고** 안심이 돼서 긴장이 모두 풀어졌다. 열심히 준비한 발표를 마치고 나니 무척 **뿌듯한** 마음이 들었다. 다음에는 긴장하지 않고 더 잘할 수 있을 것 같다.

**7** 오늘 학교에서 한 일로 알맞은 것에 ○표 하세요.

| 아빠와 노래를 연습했어요. | 나의 꿈에 대해 발표했어요. | 가장 친한 친구를 소개했어요. |
|---|---|---|
| ( ) | ( ) | ( ) |

**8** 다음 상황에서 글쓴이는 어떤 마음이 들었는지 보기에서 찾아 알맞은 기호를 쓰세요.

보기
㉠ 긴장하다 ㉡ 든든하다 ㉢ 뿌듯하다

| 발표를 마쳤어요. | 발표할 차례를 기다리고 있어요. | 예솔이가 힘차게 응원해 주었어요. |
|---|---|---|
| ( ) | ( ) | ( ) |

# 마음을 나타내는 말 ②

다음 퍼즐 모양을 보고, 빈칸에 들어갈 알맞은 낱말을 쓰세요.

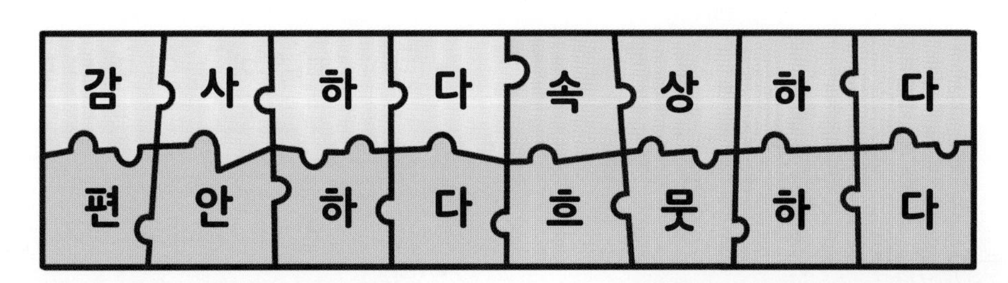

일이 뜻대로 되지 않아 마음이 편하지 않고 괴롭다.

고맙게 여기다.

비슷한말 고맙다

마음에 들어 매우 만족스럽다.

비슷한말 만족스럽다

편하고 걱정 없이 좋다.

부모님께 편지를 써 본 적이 있나요?
부모님에 대한 내 마음을 생각하며 열심히 공부해 봐요.

## 1 다음 낱말의 알맞은 뜻을 찾아 선으로 이으세요.

어휘 확인

(1) 감사하다 •　　　　• ㉮ 고맙게 여기다.

(2) 속상하다 •　　　　• ㉯ 편하고 걱정 없이 좋다.

(3) 편안하다 •　　　　• ㉰ 마음에 들어 매우 만족스럽다.

(4) 흐뭇하다 •　　　　• ㉱ 일이 뜻대로 되지 않아 마음이 편하지 않고 괴롭다.

## 2 다음 문장에 어울리는 낱말을 찾아 ○표 하세요.

어휘 적용

(1)  열심히 그린 그림이 완성되어 ( 속상하다, 흐뭇하다 ).

(2)  키우는 고양이가 다리를 다쳐서 ( 속상하다, 흐뭇하다 ).

## 3 다음 중 밑줄 친 낱말을 알맞게 사용하여 말한 친구의 말풍선에 색칠하세요.

어휘 적용

잃어버렸던 색연필을 다시 찾아서 속상해.

소나기가 내려 아끼는 옷이 젖어 버려서 편안해.

갖고 싶던 인형을 생일 선물로 주신 고모께 무척 감사해.

**4** 어휘 적용

**다음 문장의 빈칸에 공통으로 들어갈 알맞은 낱말을 쓰세요.**

- 부모님께 솔직하게 잘못한 일을 털어놓으니 마음이 (　　　　).
- 방학이 되어 할머니 댁에 놀러 가서 누워 있으면 걱정이 없고 (　　　　).

(　　　　　　　　)

**5** 어휘 확장

**다음 글의 ㉠~㉡과 뜻이 비슷한 낱말을 찾아 각각 ○표 하세요.**

부모님께 ㉠ 감사하는 마음을 담아 어버이날에 카네이션을 준비했어요. 기뻐하시는 부모님의 모습을 보니 마음이 무척 ㉡ 흐뭇했어요.

㉠: 고마운 / 죄송한 / 행복한

㉡: 서운했어요 / 아쉬웠어요 / 만족스러웠어요

짝꿍어휘

**6** **다음 보기의 낱말 뜻을 참고하여 밑줄 친 낱말과 짝을 이루는 낱말을 찾아 ○표 하세요.**

보기

- 미소: 소리 없이 빙긋이 웃음.
- 울상: 울려고 하는 얼굴 표정.

학교 수업이 끝난 뒤에 운동장에서 신나게 뛰어노는 아이들을 보며 선생님은 흐뭇한 ( 미소, 울상 )을/를 지었다.

오늘의 나의 실력은?

최고야 좋았어 힘내자



정답확인

○ 다음 편지를 읽고, 물음에 답하세요.

부모님께

엄마, 아빠. 저 동현이에요. 어제 제가 가지고 논 장난감은 바로 정리하겠다는 약속을 지키지 않아서 ㉠**속상하셨죠**? 정말 죄송해요. 그리고 제가 잘못을 깨달을 수 있도록 약속의 소중함을 차근차근 다시 알려 주셔서 **감사해요**. 스스로 장난감을 정리하는 저의 모습을 보면서 **흐뭇한** 표정을 짓는 엄마, 아빠를 보고 저도 정말 기뻤어요. 정리가 끝난 후 저를 꼭 안아 주시는 엄마, 아빠의 품이 무척 **편안했어요**. 앞으로는 가지고 논 장난감은 바로바로 정리할게요. 사랑해요! 엄마, 아빠.

동현이 올림

**7** 빈칸에 알맞은 낱말을 써서 동현이가 부모님과 한 약속을 완성하세요.

가지고 논 ☐☐☐을/를 바로 ☐☐하기

**8** 다음 중 ㉠과 어울리는 상황으로 알맞은 것은 무엇인가요? (　　　)

① 다투었던 친구와 화해했을 때
② 내일 여행을 갈 생각에 설렐 때
③ 열심히 만든 과자집이 마음에 들 때
④ 친구가 상을 탄 것을 보고 축하할 때
⑤ 열심히 만든 음식을 실수로 쏟아 버렸을 때

# 마음을 나타내는 말 ③

다음 열쇠 모양과 열쇠 구멍을 보고, 빈칸에 들어갈 알맞은 낱말을 쓰세요.

**반갑다**

보고 싶던 사람을 만나거나 원하는 일이 이루어져서 마음이 즐겁고 기쁘다.

**설레다**

마음이 가라앉지 않고 들떠서 두근거리다.

비슷한말 들뜨다

**아쉽다**

미련이 남아 서운하다.

비슷한말 서운하다

**즐겁다**

마음에 거슬림이 없이 흐뭇하고 기쁘다.

비슷한말 유쾌하다

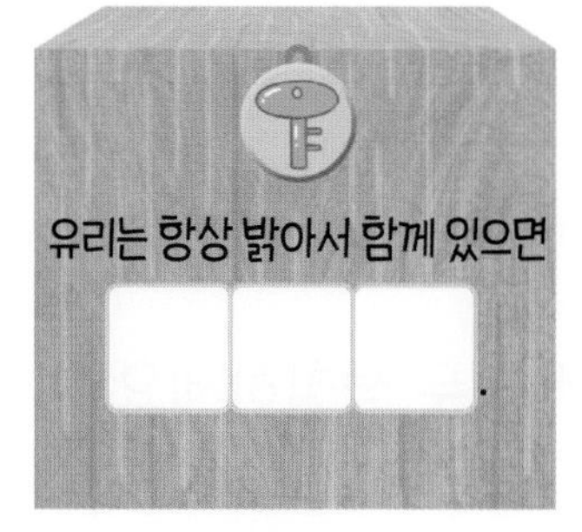

유리는 항상 밝아서 함께 있으면 ☐☐☐.

유리가 전학을 가서 민영이는 ☐☐☐.

오랜만에 유리를 만날 생각에 민영이는 ☐☐☐.

드디어 만난 두 친구는 서로가 무척 ☐☐☐.

함께 있으면 기분이 좋아지는 소중한 친구가 있나요?
가장 친한 친구와 함께할 때의 마음을 떠올리며 열심히 공부해 봐요.

## 1 다음 낱말의 뜻을 보기에서 찾아 알맞은 기호를 쓰세요.

어휘 확인

보기

㉠ 미련이 남아 서운하다.
㉡ 마음에 거슬림이 없이 흐뭇하고 기쁘다.
㉢ 마음이 가라앉지 않고 들떠서 두근거리다.
㉣ 보고 싶던 사람을 만나거나 원하는 일이 이루어져서 마음이 즐겁고 기쁘다.

(1) 반갑다 … (　　　　　　)　　(2) 설레다 … (　　　　　　)

(3) 아쉽다 … (　　　　　　)　　(4) 즐겁다 … (　　　　　　)

## 2 다음 문장에 어울리는 낱말을 찾아 ○표 하세요.

어휘 적용

(1)  즐겁게 놀다가 집에 가려니 ( 반갑다, 아쉽다 ).

(2)  오랜만에 할아버지를 만나서 무척 ( 반갑다, 아쉽다 ).

## 3 다음 중 밑줄 친 낱말을 알맞게 사용하여 말한 친구의 말풍선에 모두 색칠하세요.

어휘 적용

가족들과 바닷가에서 즐거운 하루를 보냈어.

방학이 끝나고 친구들을 만나니 무척 반가워.

열심히 연습한 끝에 자유영을 할 수 있게 되어 아쉬워.

**4** 어휘 확장

**다음 밑줄 친 부분과 뜻이 비슷한 낱말을 찾아 ○표 하세요.**

내일은 기다리던 소풍날이다. 일찍 침대에 누웠지만 잠이 오지 않고 마음이 <u>설레었다</u>. 준비물을 몇 번이나 확인하고 다시 누웠다. 내일이 무척 기대된다.

들떴다 걱정됐다 불안했다 아쉬웠다

**5** 어휘 확장

**다음 밑줄 친 부분과 바꾸어 쓸 수 있는 낱말을 보기에서 각각 찾아 쓰세요.**

보기

서운한, 유쾌한

(1) 친구들과 함께 웃고 떠들면서 <u>즐거운</u> 시간을 보냈다.

( )

(2) 비가 많이 내려서 놀이동산에 가지 못하자 <u>아쉬운</u> 마음에 눈물이 고였다.

( )

짝꿍어휘

**6** **다음 보기의 낱말 뜻을 참고하여 밑줄 친 낱말과 짝을 이루는 낱말을 찾아 ○표 하세요.**

보기

- 두근두근: 몹시 놀라서 자꾸 가슴이 뛰는 소리.
- 훌쩍훌쩍: 콧물을 들이마시며 계속 흐느껴 우는 소리.

오늘은 공룡 박물관에 가는 날이다. 나는 공룡 화석을 볼 생각에 벌써부터 마음이 <u>설레서</u> ( 두근두근, 훌쩍훌쩍 ) 하다.

○ **다음 글을 읽고, 물음에 답하세요.**

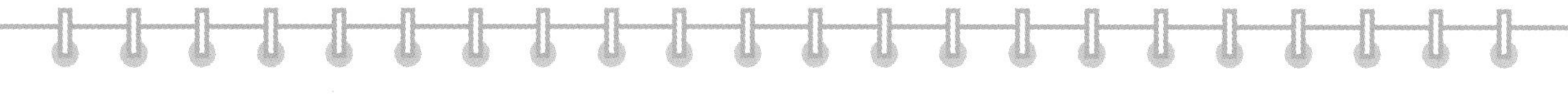

이번 주 토요일에 유리가 민영이네 집에 놀러 오기로 했어요. 유리는 얼마 전에 먼 동네로 이사를 간 민영이의 단짝 친구예요. 항상 밝아서 모두를 **즐겁게** 해 주던 유리가 전학✦을 갔을 때, 민영이는 무척 슬프고 **아쉬웠어요**. 유리가 전학을 간 후로도 둘은 서로 그리워하면서 연락을 주고받았어요. 그러다가 이번 주말에 드디어 만나기로 약속을 했어요. 민영이는 **설레어서** 가슴이 쿵쿵 뛰었어요.

유리를 만나는 날이 되었어요. 민영이는 일찍 일어나 유리를 마중 나갔어요. 저 멀리에서 유리가 걸어오는 모습이 보였어요. 민영이는 **반가운** 마음에 한달음✦에 달려가 유리를 껴안았어요.

✦ **전학:** 다니던 학교에서 다른 학교로 옮겨 감.
✦ **한달음:** 중도에 쉬지 않고 한 번에 달려감.

## 7 민영이에 대한 설명으로 알맞은 것에 ○표 하세요.

| 다른 학교로 전학을 갔어요. | 유리네 집에 놀러 가기로 했어요. | 단짝 친구인 유리와 연락을 주고받았어요. |
|---|---|---|
| (　　) | (　　) | (　　) |

## 8 다음 상황에서 민영이는 어떤 마음이 들었는지 보기에서 찾아 알맞은 기호를 쓰세요.

**보기**

㉠ 반갑다　㉡ 설레다　㉢ 아쉽다

| 유리와 헤어지게 되었어요. | 유리를 만나기로 했어요. | 한달음에 달려가 유리를 껴안았어요. |
|---|---|---|
| (　　) | (　　) | (　　) |

# 마음을 나타내는 말 ④

다음 낱말의 뜻을 보고, 빈칸에 알맞은 낱말을 써서 이야기를 완성하세요.

| 놀라다 | 무섭다 | 궁금하다 | 짜릿하다 |
|---|---|---|---|
| 뛰어나거나 신기한 것을 보고 매우 감동하다.<br>비슷한말 감탄하다 | 어떤 대상이 꺼려지거나 무슨 일이 일어날까 겁나다.<br>비슷한말 두렵다 | 무엇이 무척 알고 싶다. | 마음이 자극을 받아 순간적으로 조금 흥분되고 떨리는 듯하다. |

볼거리와 놀 거리가 가득한 놀이공원에 가면 어떤 마음이 드나요?
즐겁고 짜릿했던 기억을 떠올리며 공부해 봐요.

## 1 다음 낱말의 뜻으로 알맞은 것을 찾아 ○표 하세요.

어휘 확인

궁금하다
- (1) 무엇이 무척 알고 싶다. ( )
- (2) 재미가 없어 지루하고 답답하다. ( )

무섭다
- (1) 흥을 느끼는 재미가 있다. ( )
- (2) 어떤 대상이 꺼려지거나 무슨 일이 일어날까 겁나다. ( )

## 2 다음 낱말의 뜻으로 알맞으면 🍎에 ○표, 알맞지 않으면 🍏에 ○표 하세요.

어휘 확인

(1) 놀라다 뛰어나거나 신기한 것을 보고 매우 감동하다. → 

(2) 짜릿하다 같은 상태가 오래 계속되어 따분하고 싫증이 나다. → 🍎, 🍏

## 3 다음 문장에 어울리는 낱말을 찾아 ○표 하세요.

어휘 적용

(1) 
마술사의 마술에 모두 ( 놀라서, 서운해서 ) 박수를 쳤다.

(2) 
전망대에서 아래를 내려다보니 ( 무서워서, 재미있어서 ) 다리가 후들거렸다.

(3) 
막상막하의 ( 지루한, 짜릿한 ) 경기가 이어지자 미래는 긴장되어 손에 땀을 쥐었다.

## 4 다음 대화를 읽고, 빈칸에 들어갈 알맞은 낱말을 찾아 색칠하세요.

어휘 적용

: 노란색과 파란색을 섞으면 어떤 색깔이 될지 (      ).

: 두 색을 섞으면 초록색을 만들 수 있어.

: 정말이네. 두 색을 섞어서 멋진 풀밭을 그려야겠어.

| 궁금해 | 놀라워 | 무서워 | 짜릿해 |
|---|---|---|---|

## 5 다음 밑줄 친 부분과 바꾸어 쓸 수 있는 말을 보기에서 각각 찾아 쓰세요.

어휘 확장

보기

두렵다, 감탄하다

(1) 어두운 골목길을 혼자 걷는 것은 무섭다. (                    )

(2) 친구들이 미래의 훌륭한 노래 실력에 놀라다. (                    )

짝꿍어휘

## 6 다음 낱말과 짝을 이루는 낱말을 찾아 선으로 이으세요.

(1) 깜짝 •  • ㉮ 놀라다

ㄴ 갑자기 놀라는 모양.

(2) 오싹오싹 •  • ㉯ 무섭다

ㄴ 몹시 무섭거나 추워서 자꾸 몸이 움츠러들거나 소름이 끼치는 모양.

오늘의 나의 실력은?

최고야

좋았어

힘내자

○ 다음 광고를 읽고, 물음에 답하세요.

**어린이를 위한 놀이동산 미래랜드**

지금껏 보지 못한 새로운 모험의 나라로 여러분을 초대합니다.

미래랜드는 왜 특별할까요?
하나! 동화 속 주인공이 된 것 같은 **놀라운** 경험을 할 수 있습니다.
둘! **짜릿한** 놀이 기구들을 타며 신나는 모험을 즐길 수 있습니다.
셋! 화려한 불꽃놀이와 감탄스러운 볼거리들이 가득합니다.
넷! 오싹오싹 **무서운** 공포 체험이 준비되어 있습니다.
어떤 볼거리가 있을지 **궁금하시다면** 꼭 오셔서 단 하나도 놓치지 마세요!

**7** 미래랜드에서 할 수 있는 경험을 모두 찾아 ○표 하세요.

| 불꽃놀이를 볼 수 있어요. | 놀이 기구를 탈 수 있어요. | 여러 동물을 볼 수 있어요. |
|---|---|---|
| (    ) | (    ) | (    ) |

**8** 마음을 나타내는 말과 각 상황이 잘못 짝지어진 것은 무엇인가요? (    )

① 무섭다 — 오싹오싹 공포 체험을 해요.
② 감탄하다 — 다양한 볼거리들을 구경해요.
③ 두렵다 — 지금껏 보지 못한 것들을 구경해요.
④ 짜릿하다 — 놀이 기구를 타며 신나는 모험을 해요.
⑤ 놀라다 — 동화 속 주인공이 된 것 같은 경험을 해요.

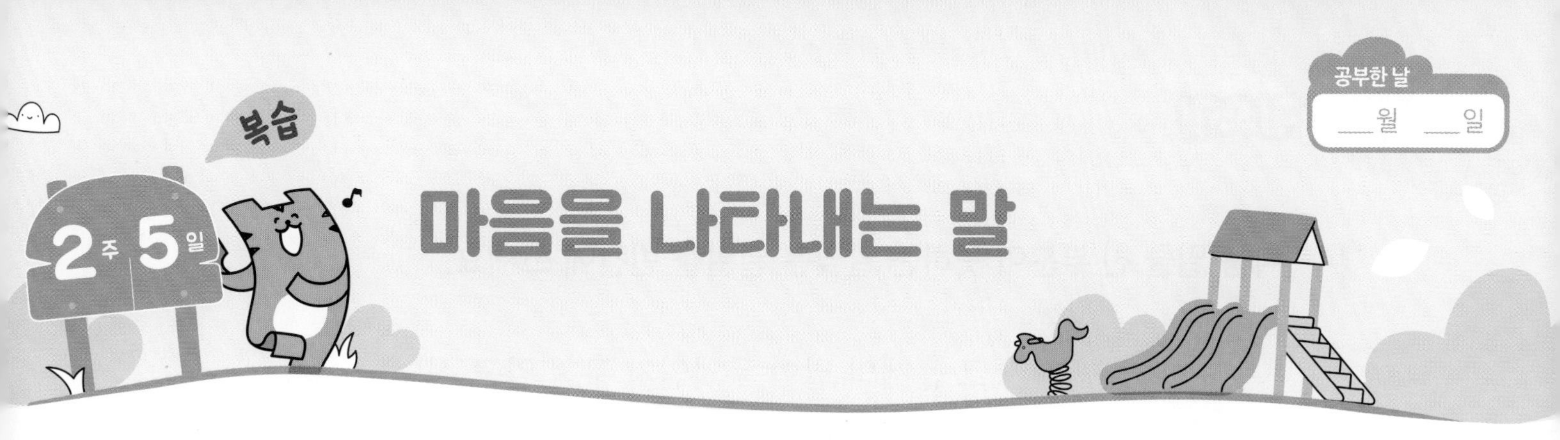


다음 뜻풀이를 보고, 십자말풀이를 완성하세요.

| | | 2 | | | | | 4 |
|---|---|---|---|---|---|---|---|
| | | | | | | | |
| 1 | | | | 3 | | | |
| | | | | | | | |
| | | 6 | | | | | 8 |
| | | | | | | | |
| 5 | | | | | | | |
| | | | | 7 | | | |

**가로**

1 마음에 거슬림이 없이 흐뭇하고 기쁘다.
3 쑥스럽거나 수줍다.
5 편하고 걱정 없이 좋다.
7 일이 뜻대로 되지 않아 마음이 편하지 않고 괴롭다.

**세로**

2 미련이 남아 서운하다.
4 어떤 대상이 꺼려지거나 무슨 일이 일어날까 겁나다.
6 어떤 것에 대한 믿음이 있어 마음이 힘차다.
8 마음이 자극을 받아 순간적으로 조금 흥분되고 떨리는 듯하다.

**1** **다음 밑줄 친 부분이 뜻하는 알맞은 낱말을 빈칸에 쓰세요.**

그 문제의 답이 무엇인지 <u>무척 알고 싶다</u>.

□□□□

**2** **다음 밑줄 친 부분의 뜻으로 알맞은 것은 무엇인가요? (　　　　)**

소희는 내일 부모님과 함께 수영장에 간다는 생각에 <u>설레어서</u> 잠이 오지 않았어요.

① 미련이 남아 서운해서
② 편하고 걱정 없이 좋아서
③ 흥을 느끼는 재미가 있어서
④ 마음에 들어 매우 만족스러워서
⑤ 마음이 가라앉지 않고 들떠 두근거려서

**3** **다음 밑줄 친 부분과 뜻이 비슷한 낱말은 무엇인가요? (　　　　)**

나는 강아지를 보면 <u>무섭다</u>. 어릴 때 물린 적이 있기 때문이다. 길을 걷다가 산책을 나온 작은 강아지를 보아도 겁이 난다.

① 두렵다　② 반갑다　③ 아쉽다
④ 편안하다　⑤ 사랑스럽다

**4** **다음 밑줄 친 부분과 뜻이 비슷한 낱말은 무엇인가요? (　　　　)**

우리 동네를 안전하게 지켜 주시는 경찰관 분들께 항상 <u>감사하는</u> 마음을 가지고 있어요.

① 고마운　　② 미안한　　③ 속상한
④ 편안한　　⑤ 쑥스러운

**5** **다음 빈칸에 들어갈 알맞은 낱말은 무엇인가요? (　　　　)**

오늘은 노래 대회가 열리는 날이에요. 성윤이는 한 달 동안 열심히 연습했어요. 그런데 대회 도중 그만 실수를 하고 말았어요. 성윤이는 무척 (　　　　).

① 든든했어요　　② 뿌듯했어요　　③ 속상했어요
④ 유쾌했어요　　⑤ 짜릿했어요

**6** **다음 글의 빈칸에 들어갈 알맞은 낱말을 보기에서 각각 찾아 쓰세요.**

보기

긴장해서, 든든해서, 뿌듯했다, 속상했다

아빠께서 자전거 타는 법을 가르쳐 주셨다. 처음엔 (　　　　　　) 손에 땀이 나고 중심을 잡지 못해 넘어지기도 했지만, 열심히 연습한 끝에 잘 탈 수 있게 되었다. 무척 (　　　　　　).

# 한 걸음 더!

오늘의 나의 실력은?

최고야

좋았어

힘내자


정답확인

○ 다음 빈칸에 들어갈 알맞은 말을 보기에서 찾아 써서 관용 표현을 완성하세요.

보기

간, 발, 손, 어깨

☐에 땀을 쥐다

아슬아슬하여 마음이 조마조마하도록 몹시 애달다.

 유미는 손에 땀을 쥐는 아슬아슬한 묘기를 보았어.

☐을 뻗다

걱정되거나 애쓰던 일이 끝나 마음을 놓다.

숙제를 모두 끝냈으니 발을 뻗고 잘 수 있겠어.

☐☐가 으쓱거리다

뽐내고 싶은 기분이나 떳떳하고 자랑스러운 기분이 되다.

글짓기 대회에서 상장을 받아 어깨가 으쓱거렸어.

☐이 콩알만 해지다

몹시 두려워지거나 무서워지다.

텔레비전에서 유령이 나오는 장면을 보고 간이 콩알만 해졌어.

# 차례를 나타내는 말 ①

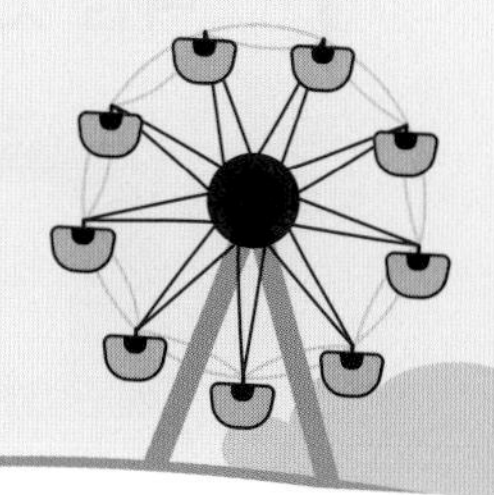

다음 열쇠 모양과 열쇠 구멍을 보고, 빈칸에 들어갈 알맞은 낱말을 쓰세요.

**순서**

어떤 일을 하거나 어떤 일이 이루어지는 차례.

**먼저**

시간이나 순서에서 앞선 때.

비슷한말 우선 반대말 나중

**다음**

어떤 차례의 바로 뒤.

비슷한말 후

**마지막**

시간이나 순서의 맨 끝.

비슷한말 끝

☐☐, 꼭지를 떼어 준 딸기를 깨끗하게 씻어 줍니다.

☐☐으로, 딸기를 으깨 주고 계속 저으며 조려 줍니다.

☐☐☐으로, 설탕과 레몬즙을 넣고 조려 줍니다.

☐☐대로 따라 해서 맛있는 딸기잼을 만들어 봐요.

설명서에 따라 무언가를 만들어 본 적이 있나요?
순서에 맞게 내용을 파악할 수 있도록 열심히 공부해 봐요.

**1** 어휘 확인

**다음 뜻에 알맞은 낱말이 완성되도록 빈칸에 들어갈 글자를 글자판에서 찾아 쓰세요.**

(1) 어떤 차례의 바로 뒤. [ ][ ]

(2) 시간이나 순서의 맨 끝. [ ][ ][ ]

(3) 시간이나 순서에서 앞선 때. [ ][ ]

(4) 어떤 일을 하거나 어떤 일이 이루어지는 차례. [ ][ ]

**2**  어휘 적용

**다음 낱말이 들어갈 알맞은 문장을 찾아 선으로 이으세요.**

(1) 먼저 •      • ㉮ 밥을 먹기 전에 (          ) 손을 씻어라.

(2) 다음 •      • ㉯ 우리는 밥을 먹은 (          )에 간식을 먹었다.

**3** 어휘 적용

**다음 문장에 어울리는 낱말을 찾아 ○표 하세요.**

(1) 

유미는 ( 먼저, 마지막 )(으로) 버스에 탔다.

(2) 

나는 줄을 서서 내 ( 다음, 순서 )을/를 기다렸다.

## 4 다음 글의 ㉠, ㉡과 뜻이 비슷한 낱말을 찾아 각각 색칠하세요.

어휘 확장

횡단보도를 건너기 전에 ㉠ 먼저, 멈춰 서서 차가 오는지 좌우를 살핍니다. 그 ㉡ 다음, 손을 높이 들고 건넙니다.

| | | | |
|---|---|---|---|
| ㉠: | 나중 | 우선 | 지금 |
| ㉡: | 때 | 전 | 후 |

## 5 다음 문장과 뜻이 비슷한 문장을 찾아 ○표 하세요.

어휘 확장

이 책은 끝 장면이 감동적이다.

(1) 이 책은 시작 장면이 감동적이다. (　　　)

(2) 이 책은 마지막 장면이 감동적이다. (　　　)

짝꿍어휘

## 6 다음 보기의 낱말 뜻을 참고하여 밑줄 친 낱말과 짝을 이루는 낱말을 찾아 ○표 하세요.

보기

- 모으다: 한데 합치다.
- 매기다: 일정한 잣대에 따라 값, 등수, 순서 등을 정하다.

오늘은 청소 당번을 정하는 날이에요. 제비뽑기를 해서 순서를 ( 매기기로, 모으기로 ) 했어요. 미래는 떨리는 마음으로 쪽지를 뽑았어요.

오늘의 나의 실력은?

최고야

좋았어

힘내자

3주 1일 정답확인

**○ 다음 글을 읽고, 물음에 답하세요.**

딸기잼을 만드는 방법이에요. **순서**대로 따라 해야 맛있는 딸기잼을 만들 수 있어요.

**먼저**, 딸기의 꼭지를 떼어 준 후 딸기를 깨끗하게 씻어 줍니다. **다음**으로, 장갑을 끼고 딸기를 으깨 줍니다. 그리고 으깬 딸기를 냄비에 담아 계속 저으며 조려[✦] 줍니다. 딸기가 조려진 후에 설탕을 넣어 줍니다. 설탕은 조려진 딸기의 양과 같은 양만큼 넣으면 됩니다. **마지막**으로, 레몬즙을 살짝 넣어 준 후, 다시 조려 줍니다. 잼이 끈적한 상태가 되면 완성입니다.

완성된 딸기잼을 빵에 발라서 맛있게 드셔 보세요.

✦ **조리다:** 식물의 열매나 뿌리, 줄기 등을 꿀이나 설탕물 등에 넣고 계속 끓여서 단맛이 배어들게 하다.

**7 딸기잼을 만드는 방법으로 알맞은 것은 무엇인가요? (　　　)**

① 딸기 꼭지는 떼지 않아요.
② 딸기를 조릴 때는 저으면 안 돼요.
③ 잼이 끈적한 상태가 될 때까지 조려요.
④ 순서를 지키지 않아도 맛있게 만들 수 있어요.
⑤ 설탕은 조려진 딸기의 양보다 훨씬 많이 넣어야 해요.

**8 딸기잼을 만드는 순서대로 번호를 써 보세요.**

| 레몬즙을 살짝 넣어요. | 딸기를 깨끗하게 씻어요. | 장갑을 끼고 딸기를 으깨요. | 조려진 딸기에 설탕을 넣어요. |
| --- | --- | --- | --- |
| (　　) | (　　) | (　　) | (　　) |

# 차례를 나타내는 말 ②

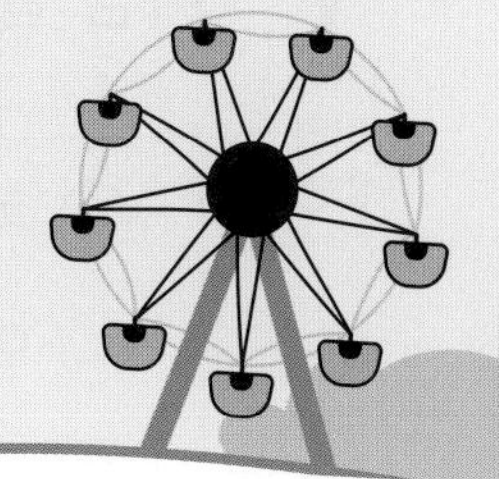

다음 퍼즐 모양을 보고, 빈칸에 들어갈 알맞은 낱말을 쓰세요.

급식실에서는 순서나 차례를 잘 지켜서 이동해야 해요.

많은 사람들이 모인 곳에서 혼란스럽지 않도록 지키는 순서나 차례.

비슷한말 규율 반대말 혼란

밥을 먼저 먹는 대상은 매주 다르게 약속해서 정해요.

안 내

이번 주는
1학년 부터

급 식 실

구별하거나 정도를 판단하기 위하여 그것과 비교하도록 정한 대상이나 잣대.

이번 주는 1학년이 처음으로 점심을 먹어요.

차례나 횟수를 나타내는 말.

먼저 도착한 사람이 먼저 먹어요.

어떤 일의 시작이나 처음을 나타내는 말.

점심시간에 질서를 지켜 급식을 받고 있나요?
질서를 지켜야 하는 다양한 상황을 떠올리며 공부해 봐요.

## 1 어휘 확인

**다음 낱말의 알맞은 뜻을 보기에서 찾아 기호를 쓰세요.**

보기

㉠ 차례나 횟수를 나타내는 말.
㉡ 어떤 일의 시작이나 처음을 나타내는 말.
㉢ 많은 사람들이 모인 곳에서 혼란스럽지 않도록 지키는 순서나 차례.
㉣ 구별하거나 정도를 판단하기 위하여 그것과 비교하도록 정한 대상이나 잣대.

(1) 기준 … (　　　　　　　)　　(2) 번째 … (　　　　　　　)

(3) 부터 … (　　　　　　　)　　(4) 질서 … (　　　　　　　)

## 2 어휘 적용

**다음 중 밑줄 친 낱말을 알맞게 사용하여 말한 친구의 말풍선에 모두 색칠하세요.**

여러 가지 기준에 따라 점수를 매겼어.

나는 우리 반에서 다섯 번째로 키가 커.

대중교통을 이용할 때 줄을 서지 않으면 질서가 생겨.

## 3 어휘 적용

**다음 문장에 어울리는 낱말을 보기에서 찾아 빈칸에 쓰세요.**

보기

번째, 부터

(1) 

나는 우리 집의 두 (　　　　　　　) 아들이다.

(2) 

외출했다가 돌아오면 손(　　　　　　　) 씻는다.

## 4 다음 중 '기준'이 들어가기에 알맞지 않은 문장을 찾아 기호를 쓰세요.

어휘 적용

㉠ 솔이는 실수를 한 동생을 (　　　　)으로 감싸 주었다.
㉡ 윤기를 (　　　　)으로 삼아 오른쪽으로 간격을 벌렸다.
㉢ 시계탑을 (　　　　)으로 서쪽에는 학교가, 동쪽에는 백화점이 있다.

(　　　　　　　　)

## 5 다음 문장과 뜻이 비슷한 문장을 찾아 ○표 하세요.

어휘 확장

공공장소에서는 질서를 지켜야 한다.

(1) 공공장소에서는 규율을 지켜야 한다. (　　　)
(2) 공공장소에서는 혼란을 지켜야 한다. (　　　)

짝꿍어휘

## 6 다음 보기의 낱말 뜻을 참고하여 밑줄 친 낱말과 짝을 이루는 낱말을 찾아 각각 ○표 하세요.

보기

까지: 어떤 범위의 끝임을 나타내는 말.
대로: 어떤 상태나 행동이 나타나는 그 즉시.
어기다: 규칙이나 약속, 명령 등을 지키지 않다.
지키다: 약속이나 법, 예의 등을 어기지 않고 잘 따르다.

이번 공연은 1시부터 2시( 까지, 대로 ) 진행됩니다. 관객 여러분들은 질서를 ( 어겨, 지켜 ) 공연장으로 입장해 주세요.

오늘의 나의 실력은?

최고야 좋았어 힘내자



정답확인

○ 다음 글을 읽고, 물음에 답하세요.

**급식실 이용 규칙**✦

안녕하세요? ○○ 초등학교 여러분, 이곳은 여러 사람이 이용하는 급식실입니다. 즐거운 식사 시간이 될 수 있도록, 다음 규칙을 지켜 주세요.

첫째, 많은 사람이 동시에 이용하므로 **질서**를 지켜서 이동해 주세요.

둘째, 매주 정해지는 **기준**에 따라 순서를 지켜 식사해야 합니다. 이번 주는 1학년이 첫 **번째**로 점심을 먹습니다.

셋째, 먼저 온 사람**부터** 차례대로 줄지어 서서 식판에 음식을 담아 주세요.

넷째, 음식은 먹을 만큼만 담아 주세요.

다섯째, 줄을 서거나 음식을 먹을 때 장난을 치지 말아 주세요. 음식을 흘리거나 다칠 수 있습니다.

✦ **규칙:** 여러 사람이 지키도록 정해 놓은 법칙.

**7** 급식실 이용에 대한 설명으로 알맞은 것은 무엇인가요? (        )

① 음식은 최대한 많이 담아요.
② 항상 1학년이 먼저 밥을 먹어요.
③ 음식을 먹을 때 장난을 치면 안 돼요.
④ 나중에 온 사람이 먼저 밥을 담아야 해요.
⑤ 줄을 서는 동안에는 마음껏 장난을 쳐도 돼요.

**8** 밑줄 친 '부터'에 대한 설명으로 알맞은 것에 ○표 하세요.

| '보다'로 바꾸어 쓸 수 있어요. | '까지'와 같은 뜻을 가지고 있어요. | 어떤 일의 시작이나 처음을 나타내는 말이에요. |
| --- | --- | --- |
| (      ) | (      ) | (      ) |

# 차례를 나타내는 말 ③

다음 낱말의 뜻을 보고, 빈칸에 알맞은 낱말을 써서 이야기를 완성하세요.

| 동안 | 사흘 | 훗날 | 이튿날 |
|---|---|---|---|
| 어느 한때에서 다른 한 때까지 시간의 길이.<br>비슷한말 사이 | 세 날. | 시간이 지나 뒤에 올 날.<br>비슷한말 뒷날 | 어떤 일이 있은 그다음의 날. |

무언가를 이루기 위해 며칠 동안 열심히 노력해 본 적이 있나요?
최선을 다했던 하루하루를 떠올리며 날을 표현하는 낱말을 공부해 봐요.

## 1 다음 낱말의 뜻에 맞게 알맞은 낱말을 찾아 ○표 하세요.

어휘 확인

(1) 동안: 어느 한때에서 다른 한때까지 시간의 ( 길이 / 높이 ).

(2) 훗날: 시간이 지나 ( 뒤에 / 어제 ) 올 날.

## 2 다음 낱말의 뜻으로 알맞으면 (온전한 수박 조각)에 ○표, 알맞지 <u>않으면</u> (베어 먹은 수박 조각)에 ○표 하세요.

어휘 확인

(1) 사흘 — 세 날. → (온전한 수박 조각), (베어 먹은 수박 조각)

(2) 이튿날 — 어떤 일이 있은 그전의 날. → (온전한 수박 조각), (베어 먹은 수박 조각)

## 3 다음 대화를 읽고, 빈칸에 들어갈 알맞은 낱말을 찾아 색칠하세요.

어휘 적용

: 이번 미술 전시회는 며칠 동안 열리니?

: 월요일부터 수요일까지 (　　　　) 동안 열려.

: 그럼 둘째 날에 함께 가자.

| 사흘 | 하루 | 훗날 | 이튿날 |
|---|---|---|---|

**4** 다음 문장에 어울리는 낱말을 찾아 ○표 하세요.

어휘 적용

(1) 

한석봉이 글씨를 쓰는 ( 동안, 훗날 ) 어머니는 떡을 썰었다.

(2) 

늦은 밤까지 내리던 비가 ( 전날, 이튿날 ) 아침이 되자 그쳤다.

**5** 다음 밑줄 친 부분과 뜻이 비슷한 낱말을 보기에서 각각 찾아 쓰세요.

어휘 확장

보기
- 뒷날: 시간이 지나고 뒤에 올 날.
- 사이: 한때로부터 다른 때까지의 동안.

(1) 우리는 훗날에 다시 만나자고 약속했다. 훗날 ≒ (  )

(2) 주말 동안 무엇을 했는지 친구와 이야기했다. 동안 ≒ (  )

짝꿍어휘

**6** 다음 보기의 낱말 뜻을 참고하여 밑줄 친 낱말과 짝을 이루는 낱말을 찾아 각각 ○표 하세요.

보기
- 며칠: 몇 날.
- 멀다: 거리가 많이 떨어져 있다.

성민이는 ( 먼, 며칠 ) 훗날 경찰관이 되기 위해 지금부터 운동을 하겠다고 했어요. 그런데 ( 먼, 며칠 ) 동안 운동을 하던 성민이가 게으름을 피우기 시작했어요. 누나는 굳게 먹은 마음이 일주일도 가지 못했다며 웃었어요.

오늘의 나의 실력은?

최고야

좋았어

힘내자

**○ 다음 글을 읽고, 물음에 답하세요.**

하늘나라를 다스리는 환인의 아들 환웅은 인간 세상에 관심이 많았어요. 그래서 환인의 허락을 받고 인간 세상에 내려와 사람들을 다스리며 살게 되었어요.

그러던 어느 날, 곰과 호랑이가 사람이 되고 싶다며 환웅을 찾아왔어요. 환웅은 곰과 호랑이에게 마늘과 쑥을 주고, 이것만 먹으면서 백 일 **동안** 햇빛을 보지 않으면 사람이 될 수 있다고 알려 주었어요.

곰과 호랑이는 동굴로 들어가 마늘과 쑥을 먹기 시작했어요. 처음에는 둘 모두 열심히 먹었지만, ㉠ **이튿날**이 되고 ㉡ **사흘**을 지나 ㉢ **며칠**이 더 흐르니 호랑이는 지치기 시작했어요. 결국 호랑이는 견디지 못하고 동굴 밖으로 뛰쳐나갔어요. 하지만 혼자 남은 곰은 열심히 마늘과 쑥을 먹으며 견뎌냈어요. 마침내 곰은 사람으로 변했고, 사람들은 그 곰을 웅녀라고 불렀어요. **훗날** 웅녀는 환웅과 혼인♦하여 우리나라를 세운 단군을 낳게 된답니다.

♦ **혼인:** 남자와 여자가 부부가 되는 일.

**7** **이 글의 내용으로 알맞은 것은 무엇인가요? (　　　　)**

① 호랑이는 100일의 시간을 동굴에서 보냈어요.
② 곰은 견디지 못하고 동굴 밖으로 뛰쳐나갔어요.
③ 곰과 호랑이는 동굴 안에서 마늘과 쑥을 먹었어요.
④ 사람이 된 호랑이는 환웅과 결혼하여 단군을 낳았어요.
⑤ 환인은 곰과 호랑이에게 인간이 되는 법을 알려 주었어요.

**8** **㉠~㉢ 중 다음 밑줄 친 부분과 뜻이 비슷한 낱말을 찾아 기호를 쓰세요.**

장난감 배를 완성하기까지 삼 일이 걸렸다.

(　　　　　　　　)

# 차례를 나타내는 말 ④

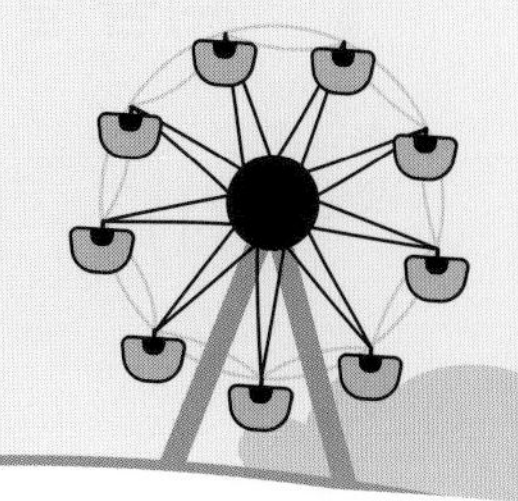

다음 상황에 어울리는 낱말을 사다리를 타고 내려가 확인하세요.

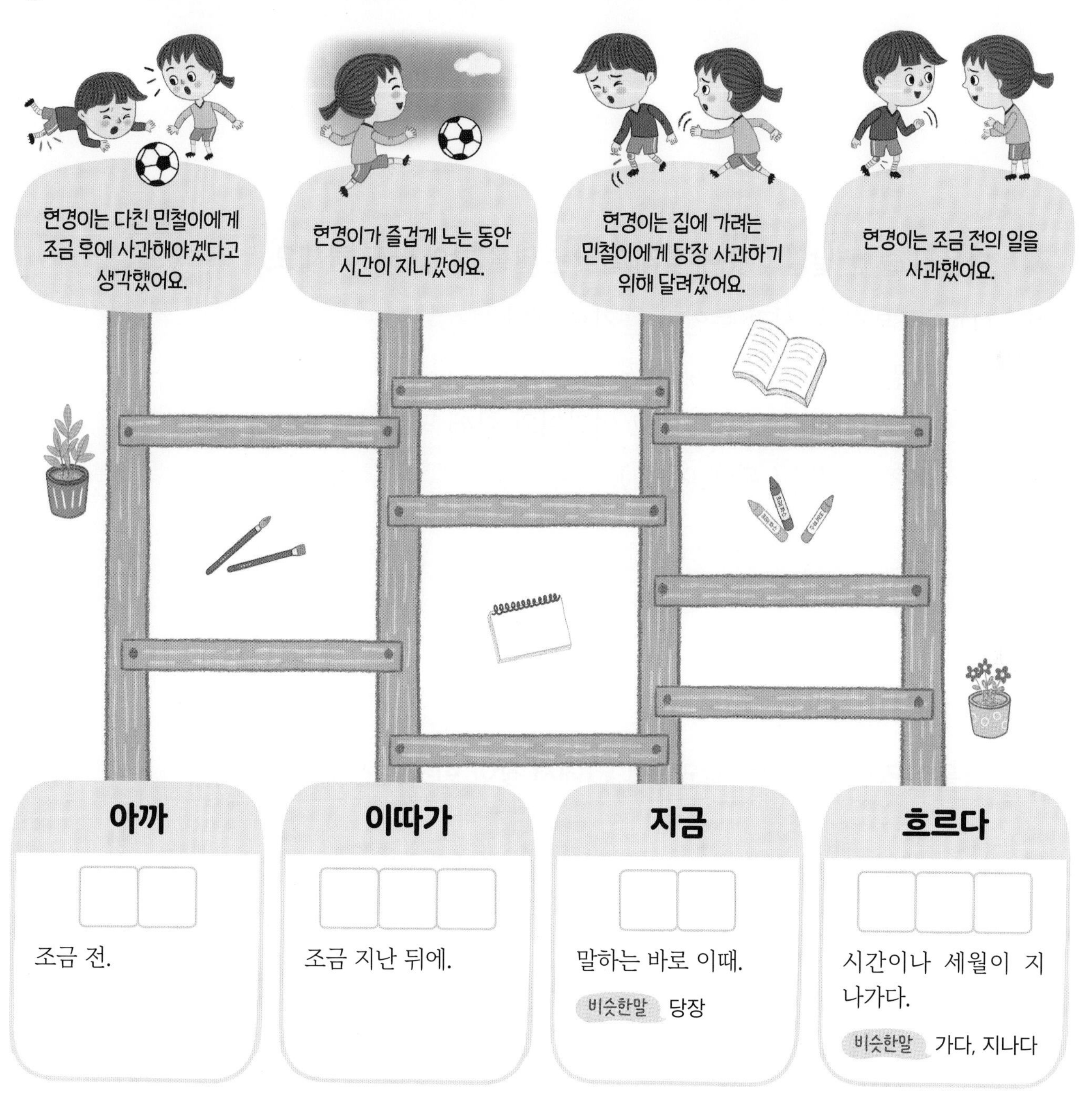


| 아까 | 이따가 | 지금 | 흐르다 |
|---|---|---|---|
| 조금 전. | 조금 지난 뒤에. | 말하는 바로 이때.<br>비슷한말 당장 | 시간이나 세월이 지나가다.<br>비슷한말 가다, 지나다 |

오늘 하루 동안 있었던 일들을 시간의 흐름에 따라 잘 설명할 수 있나요?
오늘은 때를 나타내는 여러 가지 낱말을 공부해 봐요.

## 1 다음 낱말의 뜻으로 알맞으면 🍎에 ○표, 알맞지 않으면 🍏에 ○표 하세요.

어휘 확인

(1) 아까 조금 지난 뒤에. → 

(2) 흐르다 시간이나 세월이 지나가다. → 

## 2 다음 밑줄 친 낱말의 뜻에 맞게 알맞은 말을 찾아 ○표 하세요.

어휘 확인

(1) 지금부터 두 시간 동안만 놀기로 했다.

→ 말하는 바로 ( 이때, 이후 ).

(2) 이따가 학교 수업을 마치고 여진이와 함께 떡볶이를 먹기로 했다.

→ 조금 지난 ( 뒤에, 전에 ).

## 3 다음 문장에 어울리는 낱말을 보기에서 찾아 빈칸에 쓰세요.

어휘 적용

보기

지금, 흐르다

(1) 

방학 동안 시간이 빠르게 ( ).

(2) 

미래는 ( ) 운동을 하는 중이다.

## 4 다음 낱말이 들어갈 알맞은 문장을 찾아 선으로 이으세요.

어휘 적용

(1) 아까 • • ㉮ 서준이는 동생에게 숨바꼭질은 (           ) 하고, 우선 숙제부터 하자고 말했다.

(2) 이따가 • • ㉯ 민정이가 (           )부터 열심히 만들던 모래성을 드디어 완성했는지 밝게 웃었다.

## 5 다음 글의 ㉠, ㉡과 뜻이 비슷한 낱말을 찾아 각각 색칠하세요.

어휘 확장

개미는 베짱이에게 ㉠지금 일하지 않으면 시간이 ㉡흘러 추운 겨울이 되었을 때 먹을 것이 없을 것이라고 말했어요.

㉠: 나중 | 당장 | 아까

㉡: 더해 | 떠나 | 지나

짝꿍어휘

## 6 다음 보기의 낱말 뜻을 참고하여 ㉠과 ㉡에 들어갈 알맞은 낱말을 쓰세요.

보기

- 전: '앞'의 뜻을 나타내는 말.
- 바로: 시간 차이를 두지 않고 곧장.

아까 ( ㉠ )에 선우는 오늘 오후 산에 가기로 부모님과 약속했어요. 오후가 되자 선우는 지금 ( ㉡ ) 산에 가자고 부모님께 이야기했어요.

아까 = ㉠

지금 = ㉡

오늘의 나의 실력은?

최고야

좋았어

힘내자

○ 다음 글을 읽고, 물음에 답하세요.

친구들이 운동장에 모여 축구를 했어요. 민철이가 신나게 공을 차며 골대로 달려가고 있었어요. 그런데 현경이가 급한 마음에 민철이를 밀어 다치게 하고 말았어요. 아파하는 민철이를 보며 미안했지만 현경이는 왠지 미안하다는 말이 나오지 않았어요.

'**이따가** 사과하지 뭐.'

불편한 마음도 잠시, 현경이는 즐겁게 뛰어노느라 사과하는 것을 까맣게 잊고 말았어요. 시간이 **흘러** 친구들과 헤어질 때가 되자 현경이는 잘못한 일이 생각났어요. ( ㉠ ) 사과하지 않으면 기회를 놓칠 것 같아 현경이는 용기를 내어 집에 가려는 민철이에게 달려갔어요.

"( ㉡ )은/는 내가 미안했어."

민철이가 웃으며 사과를 받아 주니 마음이 한결 가벼워졌어요. 현경이는 다음부터 잘못한 일이 있으면 바로 사과해야겠다고 다짐했어요.

**7** **이 글의 내용으로 알맞은 것에 ○표 하세요.**

| 현경이는 축구를 하다가 민철이를 밀었어요. | 현경이는 잘못을 저지르자마자 사과했어요. | 현경이가 사과했지만 민철이는 받아 주지 않았어요. |
|---|---|---|
| (　　) | (　　) | (　　) |

**8** **㉠, ㉡에 들어갈 낱말을 알맞게 짝지은 것은 무엇인가요? (　　　)**

| | ㉠ | ㉡ | | ㉠ | ㉡ |
|---|---|---|---|---|---|
| ① | 아까 | 지금 | ② | 지금 | 훗날 |
| ③ | 지금 | 아까 | ④ | 나중에 | 아까 |
| ⑤ | 나중에 | 지금 | | | |

# 차례를 나타내는 말

다음 뜻에 알맞은 낱말을 가로, 세로, 대각선으로 찾아 연결하세요.

| | | | | | | | | |
|---|---|---|---|---|---|---|---|---|
| 이 | 따 | 가 | 로 | 수 | 흐 | 멈 | 추 | 다 |
| 도 | 시 | 락 | 시 | 기 | 르 | 칫 | 기 | 시 |
| 대 | 나 | 무 | 마 | 차 | 다 | 그 | 제 | 준 |
| 체 | 이 | 튼 | 날 | 지 | 내 | 일 | 모 | 레 |
| 동 | 엿 | 새 | 닷 | 새 | 막 | 화 | 요 | 일 |
| 안 | 일 | 아 | 까 | 한 | 사 | 흘 | 한 | 참 |
| 질 | 서 | 시 | 계 | 줄 | 짓 | 다 | 지 | 금 |

1 세 날.
2 조금 전.
3 조금 지난 뒤에.
4 말하는 바로 이때.
5 시간이나 순서의 맨 끝.
6 시간이나 세월이 지나가다.
7 어떤 일이 있은 그다음의 날.
8 어느 한때에서 다른 한때까지 시간의 길이.
9 많은 사람들이 모인 곳에서 혼란스럽지 않도록 지키는 순서나 차례.
10 구별하거나 정도를 판단하기 위하여 그것과 비교하도록 정한 대상이나 잣대.

**1** 다음 밑줄 친 부분이 뜻하는 낱말을 빈칸에 쓰세요.

우리는 어떤 일을 하거나 어떤 일이 이루어지는 차례를 지켜 노래를 불렀다.

□□

**2** 다음 밑줄 친 부분이 뜻하는 말은 무엇인가요? (            )

내일은 눈이 내릴 것이라는 일기 예보를 들었어요. 서영이는 눈이 오면 눈사람을 만들 생각에 늦은 밤까지 설레었어요. 이튿날 아침 집 앞으로 달려 나간 서영이는 소복하게 쌓인 눈을 보며 기분이 좋아졌어요.

① 세 날.
② 내일의 다음 날.
③ 오늘의 바로 하루 전날.
④ 어떤 일이 있은 그다음의 날.
⑤ 시간적으로나 순서상으로 앞서서.

**3** 다음 밑줄 친 부분과 뜻이 반대인 낱말은 무엇인가요? (            )

우리 사회에는 지켜야 하는 질서가 있어요. 모든 사람들이 이 질서를 잘 지켜야 건강한 사회가 만들어질 수 있어요. 만약 질서를 지키지 않으면 사회는 위험하고 어지러워질 거예요.

① 기준　② 규율　③ 순서
④ 차례　⑤ 혼란

## 4 다음 밑줄 친 부분과 뜻이 비슷한 낱말은 무엇인가요? (　　　　)

미래 도서관에서 책을 빌리려면 먼저, 도서관에 회원 가입을 해야 합니다. 가입을 하고 받은 회원 카드를 빌리고 싶은 책과 함께 내면 됩니다.

① 나중　② 아까　③ 우선
④ 마지막　⑤ 이따가

## 5 이 글은 무엇에 대해 쓴 글인가요? (　　　　)

준이는 많은 것들을 하며 즐거운 여름 방학을 보냈어요. 가족들과 함께 바다로 피서도 가고, 아빠와 함께 숲으로 곤충을 관찰하러 가기도 했어요. 하루에 세 권씩 책도 읽고, 아침마다 운동도 했지요.

① 여름 방학 계획　② 운동을 하는 순서
③ 방학 동안 있었던 일　④ 개학식 후 있었던 일
⑤ 독서를 해야 하는 까닭

## 6 다음 글의 ㉠, ㉡에 들어갈 알맞은 낱말을 보기에서 찾아 쓰세요.

보기

나중, 부터, 아까, 마지막, 이따가

아끼던 인형을 잃어버렸다. (㉠　　　　　　) 전에 갔던 놀이터에 다시 가 보았지만 인형이 없었다. 엄마는 (㉡　　　　　　)으로 들른 장소가 어디인지 생각해 보라고 하셨다. 나는 집에 오기 전에 편의점에 들른 것이 생각났다. 편의점으로 달려가니 사장님이 인형을 보관하고 계셨다.

# 한 걸음 더!

오늘의 나의 실력은?

최고야

좋았어

힘내자

○ 다음 빈칸에 들어갈 알맞은 관용 표현을 보기에서 찾아 쓰세요.

**보기**

뜸을 들이다, 날밤을 새우다, 눈 깜짝할 사이, 시간 가는 줄 모르다

매우 짧은 순간.

눈 깜짝할 사이에 방이 깨끗해졌구나.

몹시 바쁘거나 어떤 일에 몰두하여 시간이 어떻게 지났는지 알지 못하다.

책이 너무 재미있어서 시간 가는 줄 모르고 읽었어.

일이나 말을 할 때, 서둘지 않고 한동안 가만히 있다.

민정아, 뜸 들이지 말고 얼른 말해 보렴.

괜히 자지 않고 밤을 새우다.

삼촌은 어제 날밤을 새웠는지 꾸벅꾸벅 졸고 있어.

# 수를 세는 말 ①

다음 상황에 어울리는 낱말을 사다리를 타고 내려가 확인하세요.

| 세다 | 서너 | 많다 | 홀수 |
|---|---|---|---|
| 수를 하나씩 헤아리다. | 수가 셋이나 넷임을 나타내는 말. | 수나 양, 정도 등이 일정한 기준보다 위에 있다.<br>반대말 적다 | 1, 3, 5, 7, 9와 같이 둘씩 짝을 지을 수 없는 수.<br>반대말 짝수 |

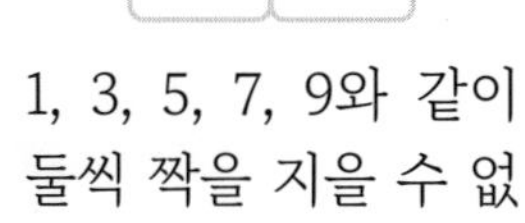

어떤 물건의 개수를 세어 본 적이 있을 거예요.
오늘은 수를 셀 때 쓰는 여러 가지 낱말을 열심히 공부해 봐요.

## 1 다음 낱말의 뜻에 맞게 빈칸에 들어갈 알맞은 낱말을 보기에서 찾아 쓰세요.

어휘 확인

**보기**

셋, 수, 없는, 위에

(1) 세다: (　　　　　　　　　　)을/를 하나씩 헤아리다.

(2) 홀수: 1, 3, 5, 7, 9와 같이 둘씩 짝을 지을 수 (　　　　　　　　　　) 수.

## 2 다음 낱말의 뜻으로 알맞은 것을 찾아 ○표 하세요.

어휘 확인

**많다**

(1) 수나 양, 정도 등이 일정한 기준보다 위에 있다. (　　　)

(2) 수나 양, 정도 등이 일정한 기준보다 아래에 있다. (　　　)

**서너**

(1) 수가 하나나 둘임을 나타내는 말. (　　　)

(2) 수가 셋이나 넷임을 나타내는 말. (　　　)

## 3 다음 문장에 어울리는 낱말을 찾아 ○표 하세요.

어휘 적용

(1) 

내 동생은 하루에 책을 ( 서너, 세네 ) 권씩 읽는다.

(2) 기범이는 1층, 3층, 5층의 ( 짝수, 홀수 ) 층만 올라가는 엘리베이터를 탔다.

**4** 어휘 적용

**다음 중 밑줄 친 낱말을 알맞게 사용하여 말한 친구의 말풍선에 색칠하세요.**

난 우리 형보다 나이가 많아.

우리 가족은 4명이라 홀수야.

저금통의 동전을 모두 세어 보니 만 원이 넘었어.

**5** 어휘 확장

**다음 낱말과 뜻이 반대인 낱말을 보기에서 각각 찾아 쓰세요.**

보기

개수, 적다, 짝수, 크다

(1) 많다 ⟷ (　　　　　　)

(2) 홀수 ⟷ (　　　　　　)

짝꿍어휘

**6** **다음 보기의 낱말 뜻을 참고하여 밑줄 친 낱말과 짝을 이루는 낱말을 찾아 ○표 하세요.**

보기

- 무게: 물건의 무거운 정도.
- 수: 셀 수 있는 사물을 세어서 나타낸 값.

게의 다리 ( 수, 무게 )를 세어 보면 모두 열 개입니다.

오늘의 나의 실력은?

최고야

좋았어

힘내자



○ 다음 글을 읽고, 물음에 답하세요.

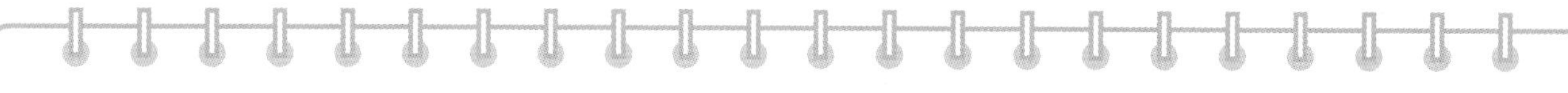

오늘 수학 시간에 반 아이들은 번호가 짝수인 팀과 **홀수**인 팀으로 나누어 카드 뒤집기 놀이를 했어요. 한 면은 빨간색, 한 면은 노란색으로 이루어진 카드를 더 **많이** 뒤집은 팀이 승리하는 놀이예요. 번호가 10번인 지온이는 짝수 팀이에요. 짝수 팀은 카드를 뒤집어 노란색 카드를 많이 만들어야 해요. 번호가 7번인 서아는 홀수 팀이에요. 홀수 팀은 카드를 뒤집어 빨간색 카드를 많이 만들어야 해요.

놀이가 시작되고 지온이와 서아는 열심히 카드를 뒤집었어요. 놀이가 끝난 후에 카드를 보니 노란색 카드가 빨간색 카드보다 ㉠서너 개 더 많아 보였어요. 선생님께서 카드 수를 **세어** 보니 빨간색 카드가 10개, 노란색 카드가 14개였어요. 지온이와 짝수 팀 친구들은 기뻐하며 박수를 쳤어요. 서아와 홀수 팀 친구들은 아쉬웠지만 짝수 팀 친구들의 승리를 축하해 주었어요.

**7** **수학 시간에 있었던 일로 알맞은 것에 ○표 하세요.**

| 지온이네 팀은 놀이에서 졌어요. | 지온이는 짝수 팀, 서아는 홀수 팀이에요. | 놀이가 끝났을 때 빨간색 카드가 더 많았아요. |
|---|---|---|
| (   ) | (   ) | (   ) |

**8** **㉠이 뜻하는 것으로 알맞은 것은 무엇인가요? (   )**

① 1~2개
② 3~4개
③ 5~6개
④ 7~8개
⑤ 9~10개

# 수를 세는 말 ❷

다음 퍼즐 모양을 보고, 빈칸에 들어갈 알맞은 낱말을 쓰세요.

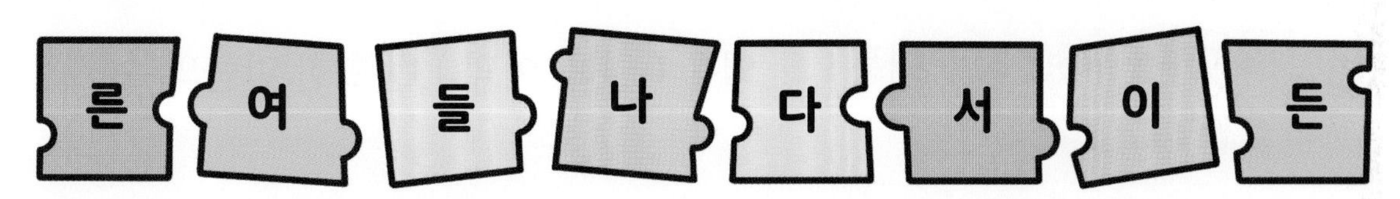


어느 깊은 산속에
마시면 살아온 햇수가 줄어드는 신기한 샘물이 있었어요.

사람이나 동물 또는 식물 등이 세상에 나서 살아온 햇수.

어느 나이 많은 노인이 신기한 샘물을 마셨어요.

나이가 많아지다.

노인은 30살 정도의
청년으로 바뀌었어요.

열을 세 번 합한 만큼의 수.

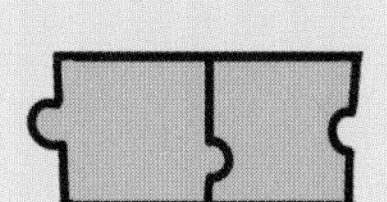

삼십

젊어진 노인이 부러웠던 욕심쟁이 노인은 샘물을
너무 많이 마셨고, 80살에서 어린아이가 되고 말았어요.

열을 여덟 번 합한 만큼의 수.

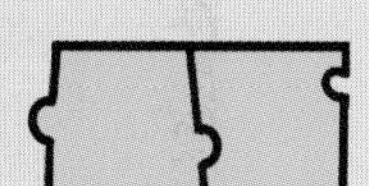

팔십

누군가의 나이를 설명할 때 쓰는 말들이 있어요.
오늘은 나와 주변 사람들의 나이를 떠올리며 열심히 공부해 봐요.

## 1 다음 낱말의 뜻에 맞게 알맞은 낱말을 찾아 ○표 하세요.

어휘 확인

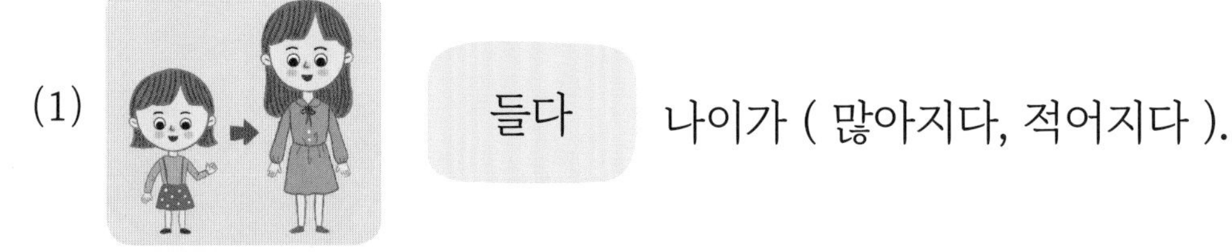

(1) 들다 — 나이가 ( 많아지다, 적어지다 ).

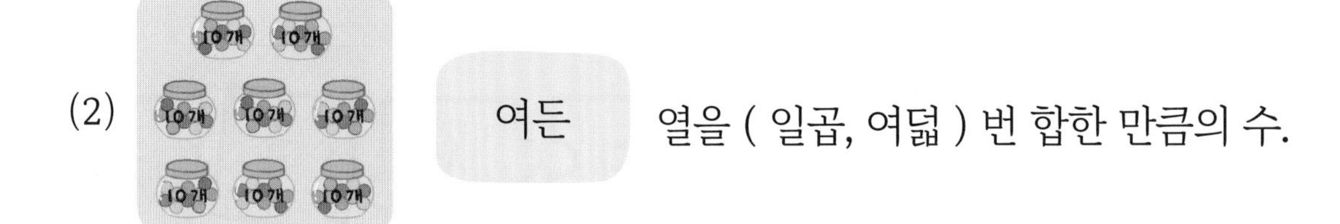

(2) 여든 — 열을 ( 일곱, 여덟 ) 번 합한 만큼의 수.

## 2 다음 낱말의 뜻으로 알맞으면 (사과)에 ○표, 알맞지 <u>않으면</u> (사과 심)에 ○표 하세요.

어휘 확인

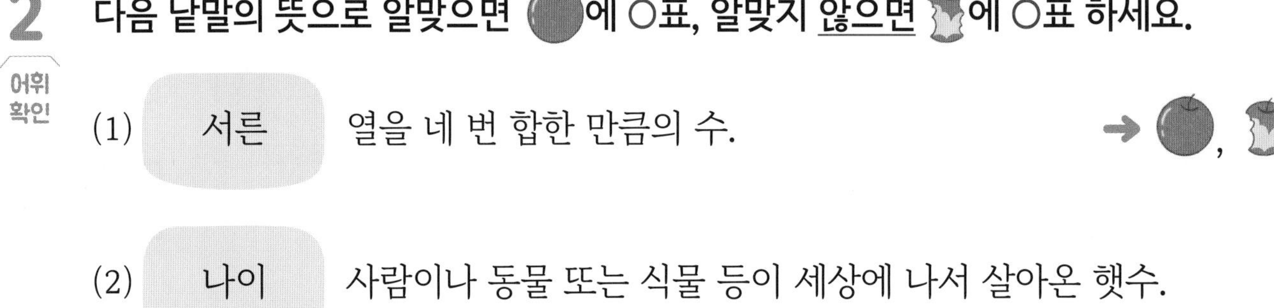

(1) 서른 — 열을 네 번 합한 만큼의 수. → (사과), (사과 심)

(2) 나이 — 사람이나 동물 또는 식물 등이 세상에 나서 살아온 햇수.

→ (사과), (사과 심)

## 3 다음 대화를 읽고, 빈칸에 들어갈 알맞은 낱말을 찾아 색칠하세요.

어휘 적용

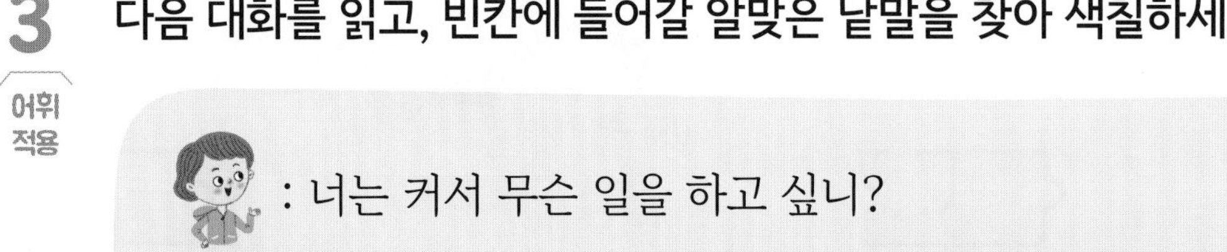

: 너는 커서 무슨 일을 하고 싶니?

: 나는 나이가 (　　　　) 글을 쓰는 작가가 되고 싶어.

: 그렇구나, 나는 어른이 되면 우주에 대해 연구하는 사람이 되고 싶어.

들면　어리면　줄어들면　적어지면

## 4 다음 문장의 빈칸에 공통으로 들어갈 알맞은 낱말을 쓰세요.

어휘 적용

- 우리 언니는 나보다 (　　　　)가 세 살 더 많아요.
- 오늘 학원에서 만난 아이는 나와 (　　　　)가 동갑이에요.
- 내 동생은 올해 초등학교에 입학할 (　　　　)가 되었어요.

(　　　　　　　　)

## 5 다음 밑줄 친 부분과 뜻이 비슷한 낱말을 보기에서 각각 찾아 쓰세요.

어휘 확장

보기

삼십, 사십, 팔십, 구십

(1) 우리 반 학생은 모두 서른 명이에요. (　　　　　　　　)

(2) 마을 행사에 여든 명이나 되는 사람이 모였어요. (　　　　　　　　)

짝꿍어휘

## 6 다음 보기의 낱말 뜻을 참고하여 ㉠과 ㉡에 들어갈 알맞은 낱말을 쓰세요.

보기

- 연세: '나이'의 높임말.

우리 할머니의 ( ㉠ )는 예순다섯이고, 내 동생의 ( ㉡ )는 일곱 살이에요.

할머니 = ㉠

동생 = ㉡

오늘의 나의 실력은?

최고야

좋았어

힘내자

○ 다음 글을 읽고, 물음에 답하세요.

옛날 어느 마을에 욕심쟁이 노인이 살았어요. 어느 날, 욕심쟁이 노인은 길을 지나가다가 마을 사람들이 나누는 이야기를 듣게 되었어요. 깊은 산속에 신기한 샘물이 있는데, 그 샘물을 마시면 **나이 든** 노인이 젊어질 수 있다는 내용이었어요. 그리고 건넛마을 노인이 샘물을 마시고 **서른** 살 정도의 청년이 되었다는 거예요.

욕심쟁이 노인은 곧장 산속으로 달려갔어요. 그리고 샘물을 열심히 마시고 또 마셨지요. 노인은 **여든** 살에서 예순 살로, 예순 살에서 마흔 살로, 마흔 살에서 스무 살로 자꾸만 젊어졌어요. 하지만 젊어지고 싶은 욕심에 샘물을 너무 많이 마신 노인은 결국 어린아이가 되어 버렸답니다.

**7** 욕심쟁이 노인은 샘물을 마신 후 어떻게 되었는지 알맞은 것에 ○표 하세요.

| 어린아이가 되었어요. | 여든 살의 노인이 되었어요. | 서른 살 정도의 청년이 되었어요. |
|---|---|---|
| (  ) | (  ) | (  ) |

**8** 나이를 읽는 방법에 맞게, 다음 빈칸에 들어갈 알맞은 말을 각각 쓰세요.

| 10 | 20 | 30 | 40 | 50 | 60 | 70 | 80 | 90 |
|---|---|---|---|---|---|---|---|---|
| 열 | 스물 | | 마흔 | 쉰 | 예순 | 일흔 | | 아흔 |

# 수를 세는 말 ③

다음 열쇠 모양과 열쇠 구멍을 보고, 빈칸에 들어갈 알맞은 낱말을 쓰세요.

**대**

차나 비행기, 기계, 악기 등을 세는 말.

**벌**

옷을 세는 말.

**자루**

붓, 연필 등의 필기도구를 세는 말.

**켤레**

신발, 양말, 장갑 등 짝이 되는 두 개를 한 벌로 세는 말.

현장 체험 학습 장소에 버스 한 ☐를 타고 가요.

준비물로 수영복 한 ☐을 가지고 와요.

양말 한 ☐☐도 준비해요.

연필 한 ☐☐와 수첩도 챙겨야 해요.

물건의 종류에 따라 세는 말이 다르다는 것을 알고 있나요?
어떤 물건을 셀 때 어떤 낱말을 쓰는지 공부해 봐요.

## 1 다음 낱말의 뜻으로 알맞으면 🍉에 ○표, 알맞지 않으면 🍉에 ○표 하세요.

어휘 확인

(1) 자루 종이나 유리 등을 세는 말. 

(2) 켤레 신발, 양말, 장갑 등 짝이 되는 두 개를 한 벌로 세는 말. → 🍉, 🍉

## 2 다음 낱말의 뜻으로 알맞은 것을 찾아 ○표 하세요.

어휘 확인

대
- (1) 집을 세는 말. (   )
- (2) 차나 비행기, 기계, 악기 등을 세는 말. (   )

벌
- (1) 옷을 세는 말. (   )
- (2) 동물을 세는 말. (   )

## 3 다음 문장에 어울리는 낱말을 찾아 ○표 하세요.

어휘 적용

(1) 

차 한 ( 개, 대 )에 사람 두 명이 타고 있다.

(2) 

신발장에서 운동화 한 ( 자루, 켤레 )를 꺼내 신었다.

**4** 어휘 적용

**다음 중 밑줄 친 낱말을 알맞게 사용하여 말한 친구의 말풍선에 모두 색칠하세요.**

설날을 맞아 한복을 한 벌 샀어.

공항에 비행기가 여러 대 서 있어.

미술 시간에 붓을 세 켤레 준비해야 해.

**5** 어휘 적용

**다음 중 빈칸에 '켤레'가 들어가기에 알맞지 않은 문장을 찾아 기호를 쓰세요.**

㉠ 현관에 구두 두 (　　　　)가 놓여 있었어요.
㉡ 할아버지 댁 마당에는 감나무 한 (　　　　)가 있어요.
㉢ 시장에서 할머니께 드릴 버선 한 (　　　　)를 샀어요.

(　　　　　　　　)

짝꿍어휘

**6** **다음 보기의 낱말 뜻을 참고하여 밑줄 친 낱말과 짝을 이루는 낱말을 찾아 각각 ○표 하세요.**

보기

- 장: 종이나 유리 등의 얇고 넓적한 물건을 세는 말.
- 필기도구: 종이, 연필, 볼펜 등과 같이 글씨를 쓰는 데 사용하는 여러 종류의 물건.

필기도구를 셀 때 쓰는 말은 '장'과 '자루' 등이 있습니다. 종이를 셀 때는 ( 장, 자루 ), 연필이나 볼펜을 셀 때는 ( 장, 자루 )(으)로 셉니다.

오늘의 나의 실력은?

최고야

좋았어

힘내자

- 다음 가정 통신문을 읽고, 물음에 답하세요.

**가정 통신문**

1학년 학부모✦님, 안녕하세요?

다음과 같이 1학기 현장 체험 학습을 가게 되어 안내✦ 드립니다. 안내된 대로 미리 준비물을 잘 챙겨 즐거운 현장 체험 학습이 될 수 있도록 관심 부탁드립니다.

- 날짜: 20○○년 6월 4일 화요일
- 출발 시간과 장소: 오전 9시 학교 운동장
- 도착 시간과 장소: 오전 10시 한마음 수영장
- 이동 방법: 두 반이 버스 한 ㉠대로 이동
- 준비물: 수영복과 여벌 옷 각각 한 벌, 양말 한 ㉡켤레, 연필 한 자루, 수첩 한 개

✦ **학부모:** 학생의 아버지나 어머니.
✦ **안내:** 어떤 내용을 소개하여 알려 줌.

**7** 이 글의 내용으로 알맞은 것은 무엇인가요? (      )

① 필기도구는 챙기지 않아도 됩니다.
② 수영장으로 현장 체험 학습을 갑니다.
③ 오전 10시에 학교 운동장에서 출발합니다.
④ 수영복과 여벌 옷은 각각 두 벌씩 챙깁니다.
⑤ 두 반이 각각 다른 교통수단을 타고 이동합니다.

**8** ㉠과 ㉡을 사용하여 셀 수 있는 것들을 보기에서 각각 찾아 쓰세요.

보기

구두, 기차, 비행기, 운동화

㉠ (      ,      )  ㉡ (      ,      )

# 수를 세는 말 ④

다음 낱말의 뜻을 보고, 빈칸에 알맞은 낱말을 써서 이야기를 완성하세요.

| 명 | 톨 | 그루 | 마리 |
| --- | --- | --- | --- |
| 사람의 수를 세는 말.<br>비슷한말 인 | 밤이나 곡식의 낱알을 세는 말. | 나무의 수를 세는 말. | 짐승이나 물고기, 벌레 등을 세는 말. |

동물이나 식물을 셀 때도 각각 다른 말을 사용해요.
주변의 동식물을 세는 말을 떠올리며 열심히 공부해 봐요.

## 1 다음 낱말의 알맞은 뜻을 보기에서 찾아 기호를 쓰세요.

어휘 확인

보기

㉠ 사람의 수를 세는 말.
㉡ 나무의 수를 세는 말.
㉢ 밤이나 곡식의 낱알을 세는 말.
㉣ 짐승이나 물고기, 벌레 등을 세는 말.

(1) 톨 …… (　　　　　)　　(2) 명 …… (　　　　　)

(3) 마리 … (　　　　　)　　(4) 그루 … (　　　　　)

## 2 다음 문장에 어울리는 낱말을 찾아 ○표 하세요.

어휘 적용

(1)  우영이의 볼에 밥알 두 ( 점, 톨 )이 붙어 있다.

(2)  우리 학교 운동장에는 은행나무 한 ( 그루, 마리 )가 있다.

## 3 다음 중 밑줄 친 낱말을 알맞게 사용한 스케치북의 크레파스에 모두 색칠하세요.

어휘 적용

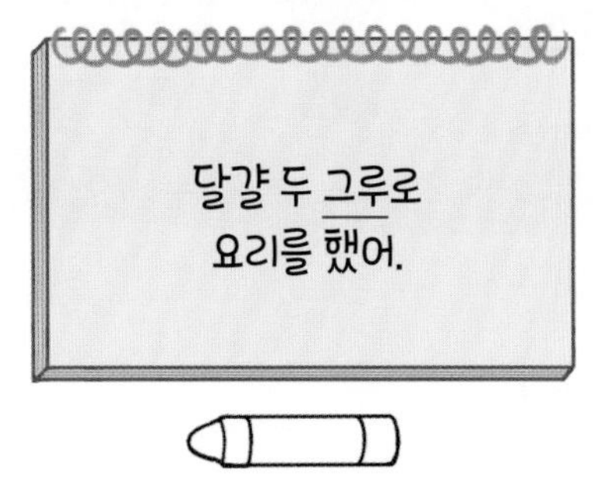


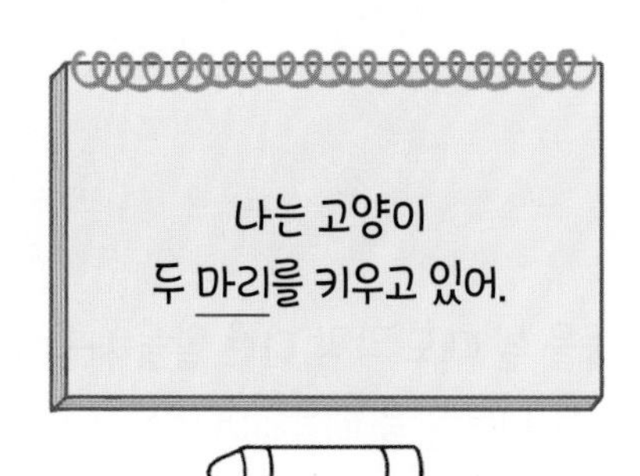


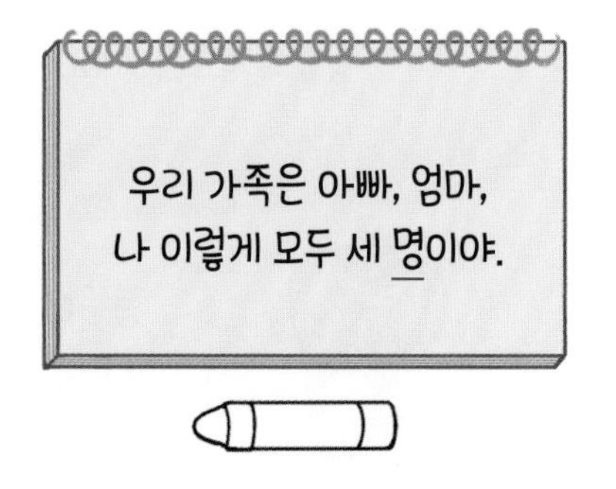

**4** 어휘 적용

**다음 문장의 빈칸에 공통으로 들어갈 알맞은 낱말을 쓰세요.**

- 진호는 살구나무 한 (　　　　)를 열심히 키우고 있어요.
- 우리 동네는 수백 (　　　　)의 벚나무로 유명한 곳이에요.
- 우리 가족은 식목일에 각자 나무를 한 (　　　　)씩 심었어요.

(　　　　　　　　)

**5** 어휘 확장

**다음 밑줄 친 부분과 뜻이 비슷한 낱말을 찾아 ○표 하세요.**

미술 시간에 <u>4명</u>이 한 모둠이 되어 가을을 주제로 작품을 만들었어요.

4개　　4인　　4쌍　　4장

짝꿍어휘

**6** **다음 낱말과 짝을 이루는 낱말을 찾아 선으로 이으세요.**

(1) 오 •　　　　• ㉮ 명

(2) 다섯 •　　　　• ㉯ 인

오늘의 나의 실력은?

최고야

좋았어

힘내자

○ 다음 일기를 읽고, 물음에 답하세요.

| 20○○년 7월 7일 일요일 | 날씨: 맑음, 구름 조금(○), 흐림, 비, 눈 |
|---|---|

우리 동네 뒷산에는 하늘공원이라는 멋진 공원이 있다. 오늘은 친구 한 **명**과 함께 하늘공원에 놀러 갔다. 동네 사람들이 운동도 하고 산책도 하며 즐거운 시간을 보내고 있었다. 하늘공원에는 크고 오래된 나무가 한 **그루** 있는데, 그 나무 그늘 아래 벤치는 무척 인기가 많은 곳이다. 웬일로 자리가 비어 있어서 친구와 벤치에 앉아 대화를 나누었다.

그런데 갑자기 나뭇가지가 흔들리는 소리가 들려서 위를 쳐다보니 나뭇가지 위에 다람쥐 세 **마리**가 앉아 있었다. 그중 한 마리는 밤 한 ( ㉠ )을 손에 들고 열심히 먹고 있었다. 귀엽고 신기해서 친구와 함께 다람쥐를 한참 쳐다보았다. 다람쥐들은 한동안 나뭇가지 위에 있다가 산속으로 들어갔다. 귀여운 산속 동물들이 깨끗한 자연에서 행복하게 잘 살았으면 좋겠다.

**7** 글쓴이가 하늘공원에 가서 본 것으로 알맞지 않은 것은 무엇인가요? (　　　)

① 다람쥐 세 마리
② 큰 나무 한 그루
③ 산책하는 사람들
④ 운동을 하는 사람들
⑤ 벤치에서 밤을 먹는 사람들

**8** 다음 중 문장의 빈칸에 들어갈 낱말이 ㉠과 같은 것을 찾아 ○표 하세요.

| 마당에 사과나무 두 (　　　)를 심었어요. | 나는 밥 한 (　　　)도 남기지 않고 다 먹었어요. | 동네 공원에서 산책 나온 강아지 세 (　　　)를 보았어요. |
|---|---|---|
| (　　　) | (　　　) | (　　　) |

# 수를 세는 말

다음 뜻풀이를 보고, 십자말풀이를 완성하세요.

| | | | | | | | |
|---|---|---|---|---|---|---|---|
| | 1 | | | | | | 4 |
| 2 | | | | | | 5 | |
| | | | 3 | | | | |
| | | | | | | | |
| | | | | | | | |
| 6 | 7 | | | 8 | | | |
| | | | | | | | |
| | | | | 9 | | | |

## 가로

2 붓, 연필 등의 필기도구를 세는 말.

3 수가 셋이나 넷임을 나타내는 말.

5 나이가 많아지다.

6 '나이'의 높임말.

8 1, 3, 5, 7, 9와 같이 둘씩 짝을 지을 수 없는 수.

9 종이, 연필, 볼펜 등과 같이 글씨를 쓰는 데 사용하는 여러 종류의 물건.

## 세로

1 나무의 수를 세는 말.

3 열을 세 번 합한 만큼의 수.

4 수나 양, 정도 등이 일정한 기준보다 위에 있다.

7 수를 하나씩 헤아리다.

**1** 다음 밑줄 친 부분이 뜻하는 낱말을 빈칸에 쓰세요.

> 미래가 남은 과자의 수를 하나씩 헤아리다.

| | |
|---|---|

**2** 다음 밑줄 친 부분이 뜻하는 말은 무엇인가요? (　　　　)

> 나이 든 농부가 자식들을 불러 모았어요. 그리고 자식들에게 포도밭 아래에 보물을 숨겨 놓았다고 말했지요.

① 나이가 적다.
② 나이가 많아지다.
③ 수를 하나씩 빼다.
④ 수나 양, 정도 등이 일정한 기준보다 위에 있다.
⑤ 밖에서 속이나 안으로 향해 가거나 오거나 하다.

**3** 다음 ㉠, ㉡과 뜻이 비슷한 낱말을 알맞게 짝지은 것은 무엇인가요? (　　　　)

> 올해로 ㉠여든이 되신 할아버지는 정든 집을 떠나기로 했습니다. ㉡서른 살에 결혼을 하면서부터 쭉 살았던 집이라고 했습니다. 할아버지는 손때 묻은 벽을 한참 어루만졌습니다.

| | ㉠ | ㉡ |
|---|---|---|
| ① | 육십 | 삼십 |
| ② | 칠십 | 이십 |
| ③ | 칠십 | 사십 |
| ④ | 팔십 | 이십 |
| ⑤ | 팔십 | 삼십 |

## 4 다음 밑줄 친 부분과 뜻이 반대인 낱말은 무엇인가요? (　　　　　)

목이 긴 기린은 사람보다 목뼈가 많을 것이라고 생각하지만 사실은 그렇지 않아요. 사람과 기린의 목뼈는 7개로 같아요.

① 클　　② 얇을　　③ 적을
④ 짧을　　⑤ 두꺼울

## 5 다음 글의 ㉠~㉢ 중 낱말이 잘못 쓰인 것을 찾아 기호를 쓰세요.

오늘은 온 가족이 함께 대청소를 하기로 했어요. 두 ㉠명씩 짝을 지어 역할을 맡았어요. 저와 동생은 옷 정리를 하게 되었어요. 양말은 한 ㉡켤레씩 묶어 서랍장에 정리하고, 옷은 한 ㉢자루씩 옷걸이에 걸어 옷장에 넣었어요.

(　　　　　　　　)

## 6 다음 글을 읽고, 빈칸에 들어갈 알맞은 낱말을 보기에서 찾아 쓰세요.

보기

명, 나이, 마리, 홀수

미래는 오늘 가족과 함께 등산을 했어요. 힘이 들었지만, ________ 어린 동생이 힘차게 산을 오르는 것을 보고 미래도 힘을 냈어요. 미래는 산을 오르면서 여러 동물을 보았어요. 귀여운 다람쥐와 새들, 그리고 작은 토끼도 서너 ________ 보았지요.

# 한 걸음 더!

오늘의
나의 실력은?

최고야

좋았어

힘내자

4주 5일
정답확인

**○ 다음 빈칸에 들어갈 알맞은 속담을 보기에서 찾아 쓰세요.**

보기

하나를 듣고 열을 안다, 말 한마디에 천 냥 빚도 갚는다
세 살 적 버릇이 여든까지 간다, 서당 개 삼 년이면 풍월을 읊는다

한마디 말을 듣고도 여러 가지 사실을 미루어 알아낼 정도로 매우 총명하다는 말.

동생은 매우 영리해서 하나를 듣고 열을 알아.

말만 잘하면 어려운 일이나 불가능해 보이는 일도 해결할 수 있다는 말.

말 한마디에 천 냥 빚도 갚는다더니, 예의 바르게 사과하는 진수를 보고 선생님은 잘못을 용서해 주셨어.

어떤 것에 대하여 지식과 경험이 전혀 없는 사람이라도 한곳에 오래 있으면 얼마간의 지식과 경험을 갖게 된다는 말.

서당 개 삼 년이면 풍월을 읊는다고, 제빵사인 엄마를 보다 보니 나도 쿠키를 만들 줄 알게 되었어.

어릴 때 몸에 밴 버릇은 늙어서까지 고치기 힘들다는 뜻으로, 어릴 때부터 나쁜 버릇이 들지 않도록 잘 가르쳐야 한다는 말.

세 살 적 버릇이 여든까지 간다고 했으니, 안 좋은 습관은 지금 고쳐야 해!

# 계절과 관련된 말 ①

다음 상황에 어울리는 낱말을 사다리를 타고 내려가 확인하세요.

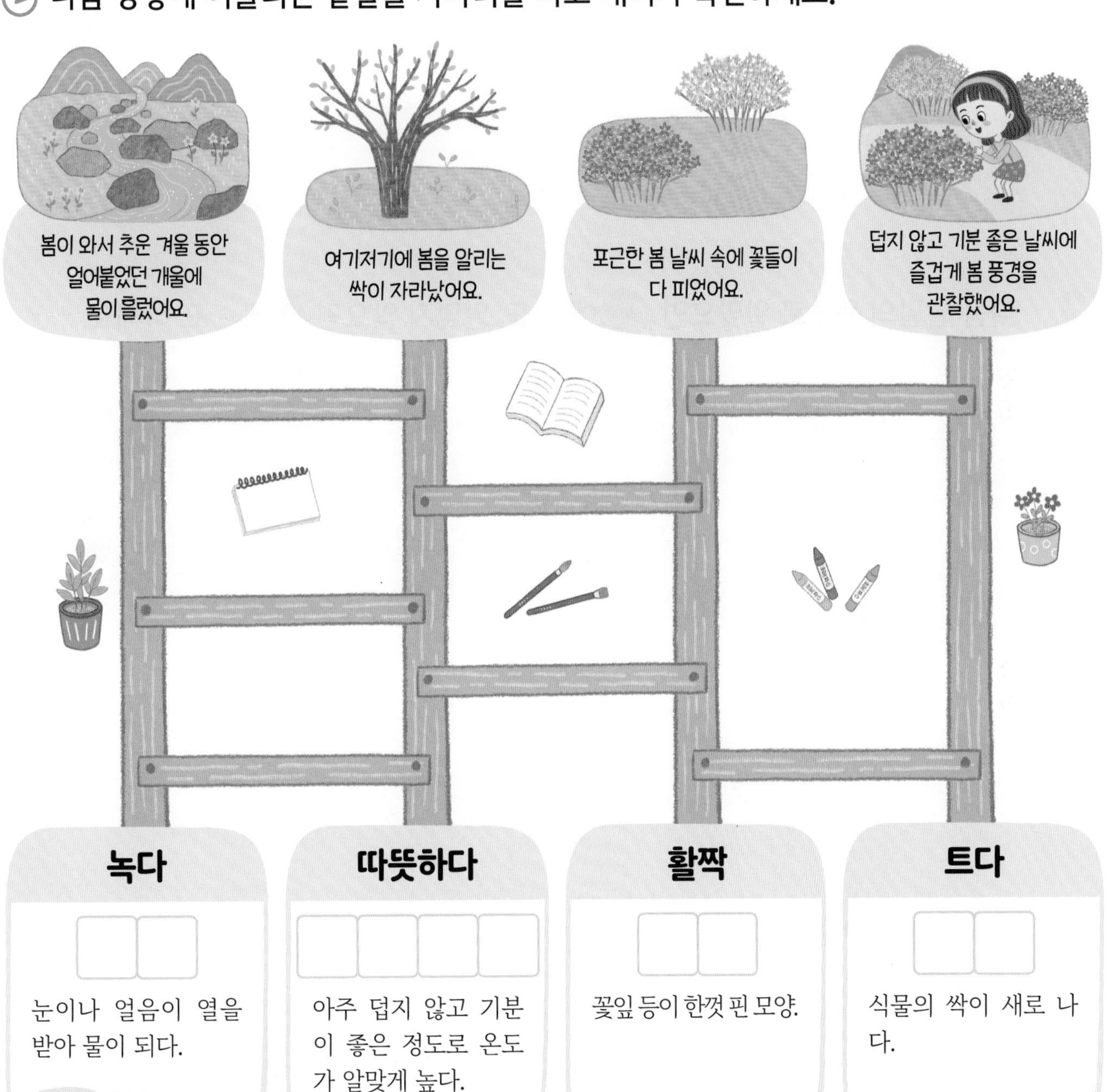


| 녹다 | 따뜻하다 | 활짝 | 트다 |
|---|---|---|---|
| 눈이나 얼음이 열을 받아 물이 되다. 반대말 얼다 | 아주 덥지 않고 기분이 좋은 정도로 온도가 알맞게 높다. | 꽃잎 등이 한껏 핀 모양. | 식물의 싹이 새로 나다. |

봄이 왔음을 느낄 수 있는 것에는 무엇이 있나요?
오늘은 봄에 대한 여러 가지 낱말을 열심히 공부해 봐요.

## 1 다음 낱말의 뜻에 맞게 빈칸에 들어갈 알맞은 낱말을 보기에서 찾아 쓰세요.

어휘 확인

보기

핀, 나다, 뭉친, 떨어지다

(1) 트다: 식물의 싹이 새로 (　　　　　　　　　　).

(2) 활짝: 꽃잎 등이 한껏 (　　　　　　　　　　) 모양.

## 2 다음 낱말의 뜻으로 알맞으면 🍎에 ○표, 알맞지 않으면 🍏에 ○표 하세요.

어휘 확인

(1) 녹다 　눈이나 얼음이 열을 받아 물이 되다.

(2) 따뜻하다 　춥지 않을 정도로 온도가 알맞게 낮다.

## 3 다음 문장에 어울리는 낱말을 찾아 ○표 하세요.

어휘 적용

(1)

길가에 벚꽃이 ( 살짝, 활짝 ) 피다.

(2)

따뜻한 햇살에 눈사람이 모두 ( 녹다, 트다 ).

## 4 다음 낱말이 들어갈 알맞은 문장을 찾아 선으로 이으세요.

어휘 적용

(1) 트다 •　　　　• ㉮ 솜이불을 덮으니 무척 (　　　　).

(2) 따뜻하다 •　　　　• ㉯ 봄이 왔는지 나무에 새로운 싹이 (　　　　).

## 5 다음 밑줄 친 부분과 뜻이 반대인 낱말을 찾아 ○표 하세요.

어휘 확장

따뜻한 날씨에 아이스크림이 녹다.

얼다　　주다　　차다　　뜨겁다

짝꿍어휘

## 6 다음 보기의 낱말 뜻을 참고하여 ㉠과 ㉡에 들어갈 알맞은 말을 쓰세요.

보기

- 얼음: 물이 얼어 굳어진 것.
- 싹: 씨, 줄기, 뿌리 등에서 처음 돋아나는 어린잎이나 줄기.

꽁꽁 얼었던 ( ㉠ )이 녹고 따뜻한 봄이 찾아왔어요. 나뭇가지에서는 푸른 ( ㉡ )이 트기 시작했어요.

㉠ 　　　　 녹다

㉡ 　　　　 트다

오늘의 나의 실력은?

최고야 좋았어 힘내자

○ 다음 글을 읽고, 물음에 답하세요.

추운 겨울 동안 얼어붙었던 땅이 ( ㉠ ) **따뜻한** 봄이 찾아왔습니다. 오늘은 선생님과 함께 봄에 볼 수 있는 동물과 식물을 관찰하기로 했습니다. 봄이 되면 식물에 싹이 **트고** 꽃이 피며, 겨울 동안 보이지 않던 많은 동물들이 활동을 시작한다고 하였습니다.

먼저 동네 개울가를 찾았습니다. 겨울 동안 얼어붙었던 개울이 녹아 졸졸 흐르고 있었고, 어디선가 개굴개굴하는 개구리 울음소리가 들려왔습니다. 우리는 폴짝폴짝 뛰는 개구리를 찾으며 즐거운 시간을 보냈습니다.

다음으로 학교 뒷산에 오르니 봄을 알리는 개나리와 진달래가 ( ㉡ ) 피어 있었습니다. 우리는 향기를 맡기도 하고 사진을 찍기도 하며 즐겁게 봄꽃을 구경했습니다.

**7** 봄에 볼 수 있는 모습으로 알맞은 것을 모두 찾아 ○표 하세요.

| 땅이 꽁꽁 얼어요. | 개나리, 진달래가 활짝 피어요. | 개울가에서 개구리를 볼 수 있어요. |
|---|---|---|
| (　　) | (　　) | (　　) |

**8** ㉠과 ㉡에 들어갈 낱말을 알맞게 짝지은 것은 무엇인가요? (　　　)

| | ㉠ | ㉡ |
|---|---|---|
| ① | 작고 | 쑥쑥 |
| ② | 녹고 | 활짝 |
| ③ | 생기고 | 방긋 |
| ④ | 사라지고 | 주렁주렁 |
| ⑤ | 갈라지고 | 둥실둥실 |

# 계절과 관련된 말 ②

다음 열쇠 모양과 열쇠 구멍을 보고, 빈칸에 들어갈 알맞은 낱말을 쓰세요.

**덥다**

몸으로 느끼기에 공기의 온도가 높다.

반대말 춥다

**피서**

더위를 피하여 시원한 곳으로 감.

**습하다**

메마르지 않고 물기가 많아 축축하다.

**주룩주룩**

많은 양의 비나 물 등이 빠르게 자꾸 흐르거나 내리는 소리 또는 모양.

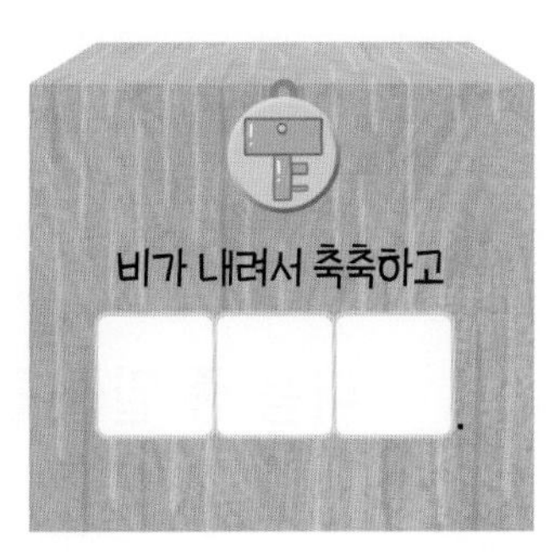

'여름'이라고 하면 어떤 것들이 떠오르나요?
오늘은 무더운 여름에 대한 여러 가지 낱말을 열심히 공부해 봐요.

## 1 다음 낱말의 뜻으로 알맞은 것을 찾아 선으로 이으세요.

어휘 확인

(1) 덥다 • • ㉮ 몸으로 느끼기에 공기의 온도가 높다.

(2) 습하다 • • ㉯ 메마르지 않고 물기가 많아 축축하다.

## 2 다음 낱말의 뜻으로 알맞으면 🍉에 ○표, 알맞지 않으면 🍉에 ○표 하세요.

어휘 확인

(1) 피서 — 더위를 피하여 깨끗한 곳으로 감. → 🍉, 🍉

(2) 주룩주룩 — 많은 양의 비나 물 등이 빠르게 자꾸 흐르거나 내리는 소리 또는 모양. → 🍉, 🍉

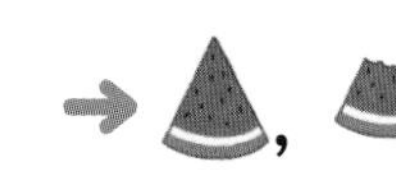

## 3 다음 중 밑줄 친 낱말을 알맞게 사용하여 말한 친구의 말풍선에 모두 색칠하세요.

어휘 적용

오늘은 날씨가 <u>습해서</u> 빨래가 잘 말라.

날씨가 너무 <u>더워서</u> 아이스크림을 사 먹었어.

여름 방학 때 시원한 계곡에서 <u>피서</u>를 즐겼어.

## 4 다음 중 빈칸에 '주룩주룩'이 들어가기에 알맞지 않은 문장을 찾아 기호를 쓰세요.

어휘 적용

㉠ 아침에 일어나 보니 비가 (        ) 내리고 있었어요.
㉡ 형은 슬픈 영화를 보면서 눈물을 (        ) 흘렸어요.
㉢ 주아는 포도나무에 (        ) 매달린 포도를 보고 감탄했어요.

(                    )

## 5 다음 낱말과 뜻이 반대인 낱말을 찾아 ○표 하세요.

어휘 확장

| 덥다 | 찌다 | 춥다 | 따갑다 | 뜨겁다 |
|---|---|---|---|---|

짝꿍어휘

## 6 다음 보기의 낱말 뜻을 참고하여 밑줄 친 낱말과 짝을 이루는 낱말을 찾아 ○표 하세요.

보기

- 들어가다: 밖에서 안으로 향하여 가다.
- 떠나다: 있던 곳에서 다른 곳으로 옮겨 가다.

여름을 맞아 온 가족이 함께 기차를 타고 바닷가로 피서를 ( 떠나다, 들어가다 ).

오늘의 나의 실력은?

최고야 좋았어 힘내자


정답확인

○ 다음 일기를 읽고, 물음에 답하세요.

20○○년 7월 10일 수요일

며칠 동안 무척 **덥더니** 오늘은 하루 종일 비가 **주룩주룩** 내렸다. 비가 내리니까 후덥지근하고✦ **습하면서** 온몸이 끈적거렸다. 바깥에 나가 놀 수도 없어서 무척 심심했다. 엄마께서는 여름철에 여러 날 동안 계속 비가 내리는 장마가 시작된 거라고 하셨다. 그리고 장마철 동안 빨래가 잘 마르지 않겠다며 걱정하셨다.

저녁에 텔레비전 뉴스를 보니 이번 장마는 짧게 끝날 것이라고 했다. 부모님께서 장마가 끝나면 바닷가로 **피서**를 가자고 말씀하셨다. 내가 더운 여름을 기다리는 가장 큰 이유는 가족들과 함께 떠나는 피서 때문이다. 바닷가에 가서 시원하게 물놀이를 할 생각을 하니 벌써부터 신나고 기분이 좋았다.

✦ **후덥지근하다:** 조금 답답할 정도로 더운 느낌이 있다.

**7** 다음에서 설명하는 것은 무엇인지 이 글에서 찾아 쓰세요.

여름철에 여러 날 동안 계속해서 비가 내리는 것

( )

**8** 이 글을 읽고 다음 빈칸에 들어갈 알맞은 낱말을 찾아 ○표 하세요.

여름철에 장마가 시작되면 후덥지근하고 ( ) 빨래가 잘 마르지 않는다.

습해서 추워서 상쾌해서 가벼워서

# 계절과 관련된 말 ③

다음 낱말의 뜻을 보고, 빈칸에 알맞은 낱말을 써서 이야기를 완성하세요.

| 물들다 | 서늘하다 | 풍성하다 | 하늘대다 |
| --- | --- | --- | --- |
| 빛깔이 서서히 퍼지거나 옮아서 묻다. | 날씨가 꽤 찬 느낌이 있다. | 넉넉하고 많다. | 조금 힘없이 늘어져 가볍게 자꾸 흔들리다.<br>비슷한말 하늘거리다 |

출발

가을 아침에는 날씨가 □□□□.

길가의 코스모스가 바람에 □□□□.

온 산이 단풍으로 □□□.

단풍과 낙엽 등 볼거리가 □□□□.

도착

가을날 산책을 하며 주변 풍경을 둘러본 적이 있나요?
오늘은 풍성한 가을에 대한 여러 가지 낱말을 열심히 공부해 봐요.

## 1 다음 뜻에 알맞은 낱말이 완성되도록 빈칸에 들어갈 글자를 글자판에서 찾아 쓰세요.

어휘 확인

(1) 넉넉하고 많다.

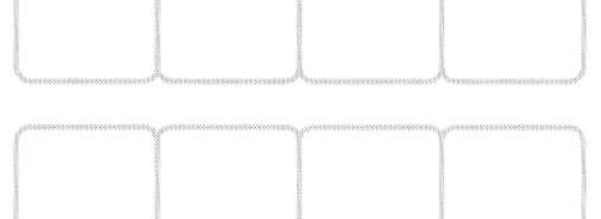

(2) 조금 힘없이 늘어져 가볍게 자꾸 흔들리다.

## 2 다음 낱말의 뜻으로 알맞으면 🍎에 ○표, 알맞지 않으면 🍏에 ○표 하세요.

어휘 확인

(1) 서늘하다 날씨가 꽤 더운 느낌이 있다. → 

(2) 물들다 빛깔이 서서히 퍼지거나 옮아서 묻다. → 

## 3 다음 문장에 어울리는 낱말을 찾아 ○표 하세요.

어휘 적용

(1) 

아침저녁으로 ( 서늘한, 후덥지근한 ) 바람이 불어와서 두툼한 옷을 입었다.

(2) 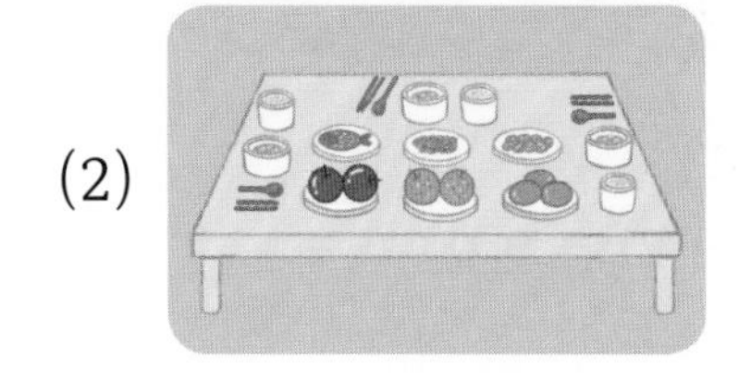

가을에는 햇곡식과 햇과일 등 먹을거리가 무척 다양하고 ( 부족하다, 풍성하다 ).

**4** 다음 빈칸에 공통으로 들어갈 알맞은 낱말을 찾아 ○표 하세요.

어휘 적용

- 은행나무가 노랗게 (          ).
- 하은이의 두 뺨이 빨갛게 (          ).
- 흰옷과 청바지를 함께 빨았더니 흰옷이 파랗게 (          ).

물들다 / 밝아지다 / 사라지다 / 지워지다

**5** 다음 밑줄 친 부분과 바꾸어 쓸 수 있는 말을 찾아 색칠하세요.

어휘 확장

살랑대는 가을바람에 길가의 코스모스가 조금씩 자꾸 흔들려요.

쓰러져요 / 부러져요 / 반짝거려요 / 하늘거려요

짝꿍어휘

**6** 다음 보기의 낱말 뜻을 참고하여 밑줄 친 낱말과 짝을 이루는 낱말을 찾아 ○표 하세요.

보기

- 낙엽: 말라서 떨어진 나뭇잎.
- 단풍: 가을에 나뭇잎이 노란색이나 붉은색으로 변하는 것.

나는 가을이 되면 가족들과 산에 올라가 노란색, 붉은색으로 울긋불긋 예쁘게 물든 ( 낙엽, 단풍 )을 보는 것을 좋아해요.

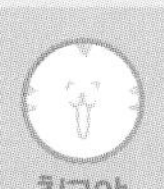
최고야

좋았어

힘내자

**○ 다음 글을 읽고, 물음에 답하세요.**

여름이 가고 내가 좋아하는 가을이 왔어요. 아침에는 **서늘한** 바람이 불어와요. 오늘은 아빠와 캠핑을 했어요. 살랑대는 시원한 바람을 맞으며 파란 가을 하늘과 노랗게 **물든** 은행나무를 보니 기분이 참 좋았어요. 바람에 **하늘대는** 예쁜 코스모스 앞에서 사진도 찍었어요.

"아빠, 저는 가을이 참 재미있어요. 울긋불긋 예쁘게 ( ㉠ ) 단풍을 구경하는 것도 재미있고, 낙엽을 밟을 때마다 바스락 소리가 나는 것도 정말 재미있어요."

"하하, 우리 시우 말을 듣고 보니 그렇구나. 아빠도 단풍과 낙엽 덕분에 지우와 **풍성한** 가을 풍경을 즐길 수 있어서 참 좋구나."

밤에는 모닥불을 피우고 아빠와 이야기를 나누었어요. 까만 하늘에 수많은 별들이 반짝반짝 빛나고 있었어요.

**7** 다음 중 시우가 한 일로 알맞은 것을 모두 찾아 ○표 하세요.

| 아빠와 공원을 산책했어요. | 캠핑을 가서 단풍을 구경했어요. | 코스모스 앞에서 사진을 찍었어요. |
|---|---|---|
| ( ) | ( ) | ( ) |

**8** ㉠에 들어갈 알맞은 낱말을 보기에서 찾아 쓰세요.

보기
물든, 치는, 서늘한, 떨어지는

( )

# 계절과 관련된 말 ④

다음 퍼즐 모양을 보고, 빈칸에 들어갈 알맞은 낱말을 쓰세요.

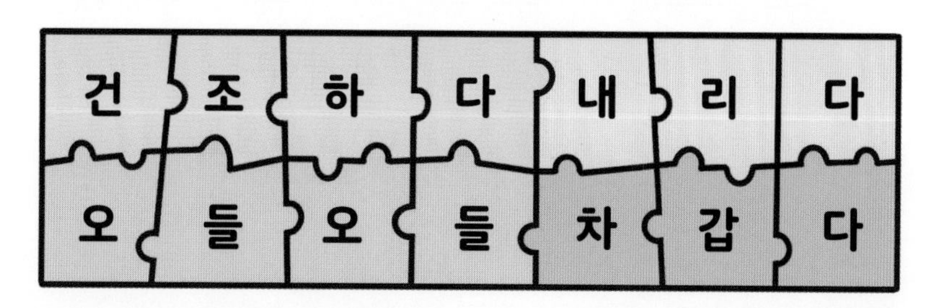


겨울에는 습기가 적어요.

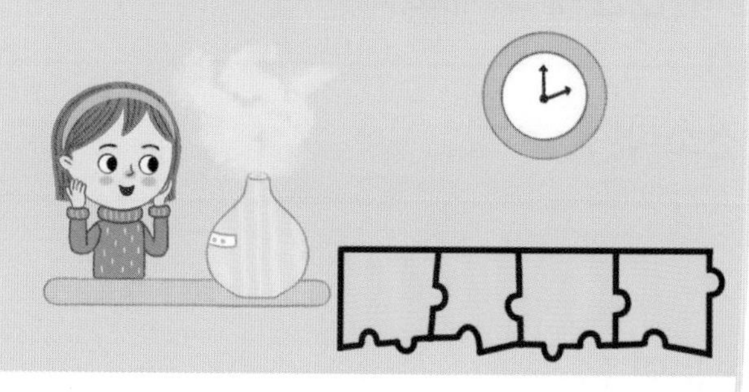

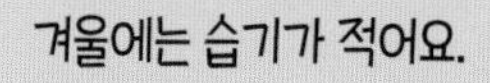

말라서 물기나 습기가 없다.

겨울에 부는 바람은 서늘하고 차요.

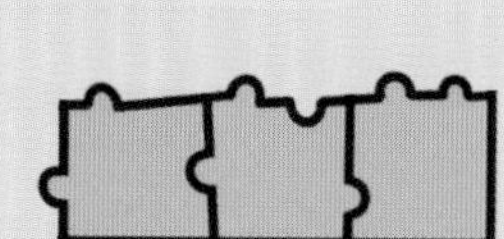

살에 닿는 느낌이 매우 서늘하고 차다.

반대말 뜨겁다

날씨가 추워서 몸이 떨려요.

춥거나 무서워서 몸을 계속해서 떠는 모양.

함박눈이 펑펑 와요.

눈, 비, 이슬 등이 하늘에서 떨어지다.

주운 겨울에 함박눈이 내리는 모습을 본 적이 있나요?
오늘은 겨울에 대한 여러 가지 낱말을 열심히 공부해 봐요.

## 1 다음 낱말의 알맞은 뜻을 보기에서 찾아 기호를 쓰세요.

어휘 확인

보기

㉠ 말라서 물기나 습기가 없다.
㉡ 눈, 비, 이슬 등이 하늘에서 떨어지다.
㉢ 살에 닿는 느낌이 매우 서늘하고 차다.
㉣ 춥거나 무서워서 몸을 계속해서 떠는 모양.

(1) 내리다 …… (                    )  (2) 차갑다 …… (                    )

(3) 건조하다 … (                    )  (4) 오들오들 … (                    )

## 2 다음 문장에 어울리는 낱말을 보기에서 찾아 빈칸에 쓰세요.

어휘 적용

보기

내리다, 건조하다

(1)  이틀 동안 계속 눈이 (                    ).

(2)  비가 내리지 않아서 땅이 (                    ).

## 3 다음 중 밑줄 친 낱말을 알맞게 사용하여 말한 친구의 말풍선에 모두 색칠하세요.

어휘 적용

<u>차가운</u> 바람이 불어서 옷을 얇게 입고 나왔어.

겨울에는 습기가 적어서 피부가 <u>건조해지기</u> 쉬워.

눈이 <u>내리는</u> 날 친구와 눈사람을 만들었어.

**4** 어휘 적용

**다음 중 빈칸에 '오들오들'이 들어가기에 알맞은 문장을 찾아 기호를 쓰세요.**

㉠ 만화 영화 속 공룡이 (　　　　) 소리를 내며 뛰어가고 있어요.
㉡ 날씨가 너무 추워서 잠깐 걸었는데도 몸이 (　　　　) 떨렸어요.
㉢ 동생은 형을 놀라게 하려고 소리를 내지 않고 (　　　　) 다가갔어요.

(　　　　　　)

**5** 어휘 확장

**다음 밑줄 친 부분과 뜻이 반대인 낱말을 찾아 ○표 하세요.**

계곡물에 손을 담그니 <u>차갑다</u>.

춥다 | 뜨겁다 | 무섭다 | 시리다

짝꿍어휘

**6** **다음 낱말과 짝을 이루는 낱말을 찾아 선으로 이으세요.**

(1) 오들오들 •　　　　• ㉮ 떨다
　　　　　　　　　　　↳ 몸시 추워하거나 두려워하다.

(2) 펑펑 •　　　　• ㉯ 내리다
↳ 눈이나 물 등이 세차게 많이 쏟아져 내리거나 솟는 모양.

오늘의 나의 실력은?

최고야 좋았어 힘내자



정답확인

○ **다음 글을 읽고, 물음에 답하세요.**

겨울은 1년의 사계절 중 네 번째인 계절로, 보통 12월에서 2월에 해당합니다. 겨울은 매우 춥고, 찬바람이 많이 불면서 **건조합니다**. 날씨가 추워져 얼음이 얼고, 함박눈이 펑펑 **내리기도** 합니다. 우리는 **차가운** 겨울바람이 불어오면 두툼한 옷을 입고 눈썰매, 스키, 눈싸움 등 재미있는 겨울 놀이를 즐기며 추운 겨울을 보냅니다.

그렇다면 동물들은 겨울을 어떻게 보낼까요? 동물들 중 곰, 다람쥐, 개구리, 뱀 등은 추운 겨울 동안 겨울잠을 잡니다. 겨울잠은 동물이 겨울을 나기 위해 땅속이나 동굴에서 움직이지 않고 잠든 것처럼 지내는 것을 말합니다. 겨울잠을 자는 땅속이나 동굴은 바깥보다 따뜻하기 때문에 추운 겨울에 ( ㉠ ) 떨면서 얼어 죽지 않고 보낼 수 있습니다.

**7** **이 글에서 설명한 내용으로 알맞은 것은 무엇인가요? (  )**

① 겨울은 사계절 중 세 번째 계절이에요.

② 겨울에는 눈썰매, 눈싸움 등을 할 수 있어요.

③ 겨울에는 찬바람이 많이 불고 날씨가 습해요.

④ 겨울이 되면 다람쥐, 개구리 등은 겨울잠에서 깨어나요.

⑤ 동물들이 겨울잠을 자는 땅속이나 동굴은 바깥보다 추워요.

**8** **㉠에 들어갈 낱말에 대해 알맞게 설명한 친구의 이름을 쓰세요.**

• 선우: '목소리가 자꾸 크고 높게 울리는 소리.'라는 뜻의 '쩌렁쩌렁'이 들어가야 해.

• 누리: '춥거나 무서워서 몸을 계속해서 떠는 모양.'이라는 뜻의 '오들오들'이 들어가야 해.

(  )

# 계절과 관련된 말

다음 뜻에 알맞은 낱말을 가로, 세로, 대각선으로 찾아 연결하세요.

| | | | | | | | | |
|---|---|---|---|---|---|---|---|---|
| 녹 | 다 | 고 | 차 | 비 | 찌 | 장 | 부 | 오 |
| 건 | 조 | 갑 | 풍 | 성 | 니 | 마 | 들 | 내 |
| 눈 | 다 | 덥 | 활 | 짝 | 땀 | 오 | 눅 | 리 |
| 서 | 포 | 습 | 하 | 다 | 들 | 판 | 피 | 다 |
| 늘 | 근 | 함 | 박 | 물 | 놀 | 이 | 흘 | 서 |
| 하 | 따 | 뜻 | 하 | 다 | 들 | 겨 | 울 | 잠 |
| 다 | 아 | 주 | 룩 | 주 | 룩 | 다 | 펑 | 펑 |

낱말 뜻

1 꽃잎 등이 한껏 핀 모양.
2 날씨가 꽤 찬 느낌이 있다.
3 더위를 피하여 시원한 곳으로 감.
4 눈이나 얼음이 열을 받아 물이 되다.
5 눈, 비, 이슬 등이 하늘에서 떨어지다.
6 메마르지 않고 물기가 많아 축축하다.
7 빛깔이 서서히 퍼지거나 옮아서 묻다.
8 살에 닿는 느낌이 매우 서늘하고 차다.
9 춥거나 무서워서 몸을 계속해서 떠는 모양.
10 많은 양의 비나 물 등이 빠르게 자꾸 흐르거나 내리는 소리 또는 모양.

**1** **다음 밑줄 친 부분이 뜻하는 낱말은 무엇인가요? (            )**

서희네 가족은 여름 방학 때 더위를 피하여 시원한 곳으로 가기로 했어요. 가까운 계곡을 갈지, 바닷가를 갈지 가족회의를 해서 정하기로 했지요.

① 방학 ② 이사 ③ 캠핑
④ 피서 ⑤ 나들이

**2** **다음 밑줄 친 부분에 알맞은 낱말은 무엇인가요? (            )**

우리말에는 사람이나 사물의 소리나 모양을 흉내 내는 말이 많아요. 예를 들어, 많은 양의 비나 물 등이 빠르게 자꾸 흐르거나 내리는 소리 또는 모양을 흉내 내는 말이 있어요.

① 살랑살랑 ② 새근새근 ③ 주룩주룩
④ 첨벙첨벙 ⑤ 펄럭펄럭

**3** **다음 빈칸에 들어갈 알맞은 낱말은 무엇인가요? (            )**

해마다 봄이 되면 길가에 (        ) 핀 벚꽃을 볼 수 있어요. 벚꽃은 4~5월에 흰색 또는 연분홍색 등으로 피어 우리에게 봄이 왔음을 알려 주지요. 벚꽃이 피면 곳곳에서 벚꽃 축제가 열려요.

① 깜짝 ② 홀짝 ③ 활짝
④ 활활 ⑤ 두둥실

**4** 다음 글의 ㉠과 ㉡에 들어갈 낱말을 알맞게 짝지은 것은 무엇인가요? (　　　　)

어느 가을날, 아기 다람쥐 토토는 할머니 댁으로 심부름을 갔어요. 숲을 지나가는 길에 ( ㉠ ) 바람이 불어와 시원했어요. 그리고 걸어가면서 빨갛게 ( ㉡ ) 단풍나무를 보는 것도 즐거웠지요.

| | ㉠ | ㉡ | | ㉠ | ㉡ |
|---|---|---|---|---|---|
| ① | 습한 | 내리는 | ② | 건조한 | 흘리는 |
| ③ | 뜨거운 | 피는 | ④ | 무더운 | 풍성한 |
| ⑤ | 서늘한 | 물든 | | | |

**5** 다음 밑줄 친 부분과 뜻이 반대인 낱말을 이 글에서 찾아 쓰세요.

물을 냉동실에 넣어 두면 물이 <u>얼어서</u> 얼음으로 변합니다. 반대로 얼음을 냉동실에서 꺼내 그냥 두면 녹아서 다시 물로 변합니다. 이렇게 물과 얼음은 온도에 따라 상태가 달라집니다.

(　　　　　　　　)

**6** 다음 보기의 낱말을 모두 사용하여 빈칸에 알맞은 말을 써서 문장을 완성하세요.

보기

내리는, 차가운, 오들오들

눈이 펑펑 ______________ 추운 겨울날, 공원에서 친구를 기다리고 있었어. 잠시 동안 서 있었는데도 추워서 몸이 ______________ 떨렸어. 조금 뒤 급히 달려온 친구가 내 손을 잡고 늦어서 미안하다고 사과했어. 나는 얼음처럼 ______________ 친구의 손에 손난로를 쥐어 주었어.

# 한 걸음 더!

오늘의 나의 실력은?

최고야

좋았어

힘내자

• 다음 빈칸에 들어갈 알맞은 말을 보기에서 찾아 써서 속담을 완성하세요.

보기

봄, 봄꽃, 상추, 여름

**☐☐도 한때**

좋은 시절도 그 한때만 지나면 그만이라는 뜻.

봄꽃도 한때라는 말처럼, 좋은 시절은 금방 지나가 버렸구나.

**☐☐에 하루 놀면 겨울에 열흘 굶는다**

뒷일을 생각하여 한시라도 게을리해서는 안 된다는 뜻.

여름에 하루 놀면 겨울에 열흘 굶는다고 했으니 지금 열심히 일을 해야지.

**가을 ☐☐는 문 걸어 잠그고 먹는다**

가을 상추가 특별히 맛이 좋음을 이르는 말.

가을 상추는 문 걸어 잠그고 먹는다더니 정말 맛있다.

**겨울이 지나지 않고 ☐이 오랴**

세상일에는 다 일정한 순서가 있으니, 급하다고 하여 억지로 할 수는 없다는 뜻.

너무 서두르지 마. 겨울이 지나지 않고 봄이 오겠니?

# 나와 가족과 관련된 말 ①

다음 낱말의 뜻을 보고, 빈칸에 알맞은 낱말을 써서 이야기를 완성하세요.

친구들 앞에서 나를 소개해 본 적이 있나요?
나에 대해 어떤 것들을 소개했는지 떠올려 보며 열심히 공부해 봐요.

## 1 다음 낱말의 알맞은 뜻을 찾아 선으로 이으세요.

어휘 확인

(1) 성별 •

(2) 취미 •

• ㉮ 남자와 여자 또는 수컷과 암컷의 구별.

• ㉯ 좋아하여 재미로 즐기기 위하여 하는 일.

## 2 다음 낱말의 뜻으로 알맞은 것을 찾아 ○표 하세요.

어휘 확인

꿈
- (1) 앞으로 잘될 수 있는 가능성. (　　)
- (2) 앞으로 이루고 싶은 희망이나 목표. (　　)

성격
- (1) 좋거나 잘하거나 바람직한 점. (　　)
- (2) 개인이 가지고 있는 본래의 성질이나 품성. (　　)

## 3 다음 문장에 어울리는 낱말을 찾아 ○표 하세요.

어휘 적용

(1)  ( 노력, 성별 )에 관계없이 자유롭게 직업을 선택하다.

(2) 심술궂은 ( 꿈, 성격 )의 놀부가 제비 다리를 부러뜨리다.

**4** 어휘 적용

**다음 문장의 빈칸에 공통으로 들어갈 알맞은 낱말을 쓰세요.**

- 내 (　　　　)는 피아노를 치는 것이에요.
- 요리하는 것이 (　　　　)였던 삼촌은 요리사가 되었어요.
- 낚시가 (　　　　)인 아버지는 주말마다 낚시를 하러 가요.

(　　　　　　)

**5** 어휘 적용

**다음 중 밑줄 친 낱말을 알맞게 사용한 스케치북의 크레파스에 색칠하세요.**

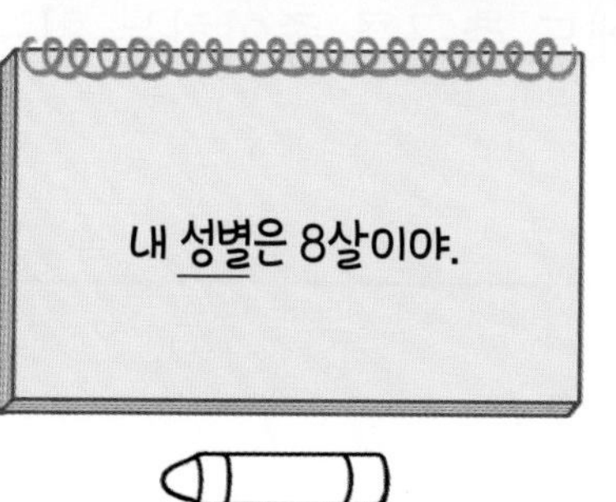

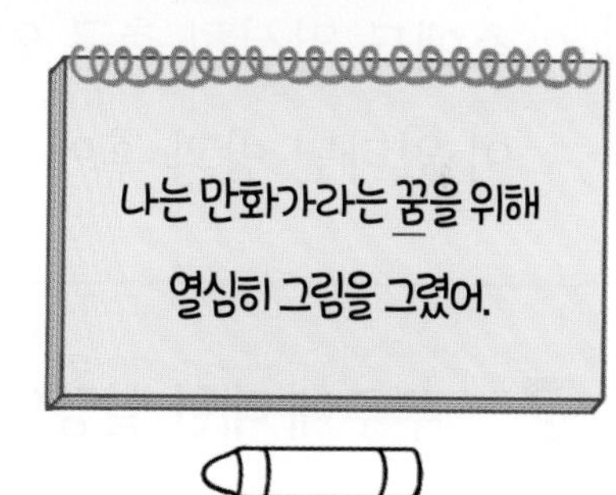


짝꿍어휘

**6** **다음 보기의 낱말 뜻을 참고하여 밑줄 친 낱말과 짝을 이루는 낱말을 찾아 ○표 하세요.**

보기

- 이루다: 뜻한 대로 되게 하다.
- 이기다: 내기나 시합, 싸움에서 승부를 겨루어 앞서다.

언니는 오랫동안 열심히 노력한 끝에 선생님이 되겠다는 꿈을 ( 이루다, 이기다 ).

**다음 글을 읽고, 물음에 답하세요.**

안녕하세요? 저는 미래 초등학교 1학년 2반 김우주입니다.

나이는 8살, ㉠ **성별**은 남자입니다.

저희 가족은 엄마, 아빠, 누나, 그리고 귀염둥이 막내 저, 이렇게 네 명입니다.

제 ㉡ **취미**는 축구를 하는 것과 책을 읽는 것입니다. 그중에서도 특히 축구를 좋아합니다. 평소에는 말이 없고 조용한 ㉢ **성격**이지만 축구를 할 때는 적극적이고 자신 있는 모습으로 바뀝니다.

그래서 제 ㉣ **꿈**은 축구 선수가 되는 것입니다. 멋진 축구 선수가 되기 위해 평소에도 열심히 축구 연습을 하고 있습니다. 우리 반에도 축구를 좋아하는 친구들이 있다면 방과 후에 함께 축구를 하고 싶습니다.

**7** **우주에 대한 설명으로 알맞지 않은 것은 무엇인가요? (　　　　)**

① 8살의 남자아이예요.
② 가족은 모두 네 식구예요.
③ 축구를 좋아하고 독서를 싫어해요.
④ 축구 선수라는 꿈을 가지고 있어요.
⑤ 축구를 하지 않을 때는 조용한 성격이에요.

**8** **㉠~㉣ 중 다음과 같은 뜻을 가진 낱말을 찾아 기호를 쓰세요.**

좋아하여 재미로 즐기기 위하여 하는 일.

(　　　　　　　　)

# 나와 가족과 관련된 말 ②

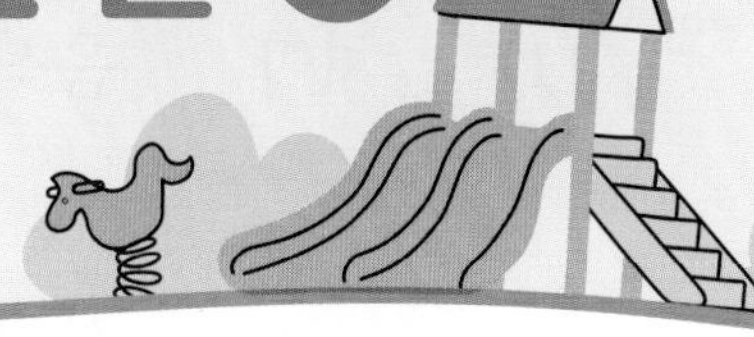

다음 열쇠 모양과 열쇠 구멍을 보고, 빈칸에 들어갈 알맞은 낱말을 쓰세요.

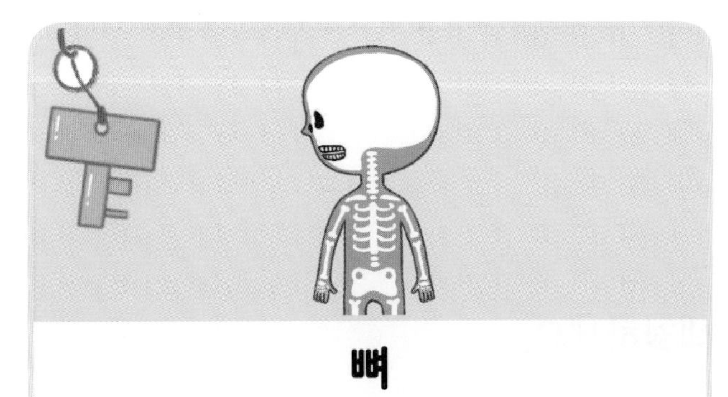

**뼈**

동물이나 사람의 살 속에서 몸을 지탱하는 단단한 물질.

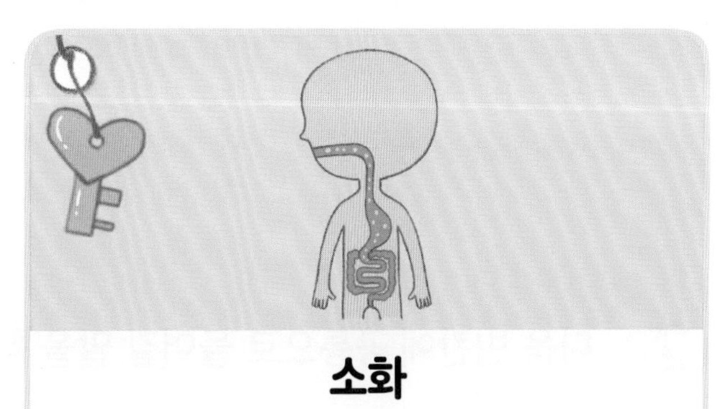

**소화**

사람이나 동물이 먹은 것을 배 속에서 처리하여 영양분으로 빨아들이는 것.

**신체**

사람의 몸.

비슷한말 육체

**치아**

음식물을 씹는 일을 하는 몸의 부분.

비슷한말 이

소중한 우리 몸에 대해 잘 알고 있나요?
오늘은 우리 몸에 대한 여러 가지 낱말을 열심히 공부해 봐요.

## 1 다음 낱말의 뜻으로 알맞으면 (사과)에 ○표, 알맞지 않으면 (사과 심)에 ○표 하세요.

어휘 확인

(1) 치아　음식물을 씹는 일을 하는 몸의 부분.

(2) 소화　사람이나 동물이 먹은 것을 배 속에서 처리하여 영양분으로 빨아들이는 것. →

## 2 다음 빈칸에 공통으로 들어갈 말을 찾아 색칠하세요.

어휘 확인

- '신체'는 사람의 ☐ 이에요.
- '뼈'는 동물이나 사람의 살 속에서 ☐ 을/를 지탱하는 단단한 물질이에요.

| 이 | 목 | 몸 | 손 |
|---|---|---|---|

## 3 다음 문장에 어울리는 낱말을 찾아 ○표 하세요.

어휘 적용

(1)

사람은 자라면서 ( 신체, 신호 )가 변한다.

(2)

밥을 급하게 먹었더니 ( 소화, 치아 )가 안 돼서 약을 먹었다.

## 4 다음 중 밑줄 친 낱말을 알맞게 사용하여 말한 친구의 말풍선에 모두 색칠하세요.

어휘 적용

뼈가 건조해서 로션을 발랐어.

치아 건강을 위해 양치질을 잘해야 해.

튼튼한 신체를 만들기 위해 운동을 열심히 했어.

## 5 다음 문장과 뜻이 비슷한 문장을 찾아 ○표 하세요.

어휘 확장

오늘 학교에서 건강 상태를 알기 위해 신체를 검사했어요.

(1) 오늘 학교에서 건강 상태를 알기 위해 근육을 검사했어요. (　　　)

(2) 오늘 학교에서 건강 상태를 알기 위해 육체를 검사했어요. (　　　)

짝꿍어휘

## 6 다음 보기의 낱말 뜻을 참고하여 밑줄 친 낱말과 짝을 이루는 낱말을 찾아 ○표 하세요.

보기

- 가르다: 쪼개거나 나누어 따로따로 되게 하다.
- 고르다: 높낮이, 크기, 모양 등이 차이가 없이 한결같고 가지런하다.

우리 엄마는 항상 웃는 얼굴이다. 활짝 웃을 때 보이는 치아가 참 ( 가르다, 고르다 ).

오늘의 나의 실력은?

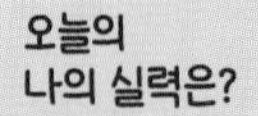

**○ 다음 글을 읽고, 물음에 답하세요.**

즐거운 점심시간이에요. 우진이는 제일 좋아하는 소시지 반찬을 집어 오물오물 이로 씹어 먹었어요. 그러자 아빠가 우진이의 숟가락 위에 멸치 볶음을 올려 두었어요. 우진이는 입을 삐죽 내밀었어요. 멸치보다 소시지가 훨씬 더 맛있는데 왜 멸치를 먹어야 하는지 이해할 수 없었거든요.

"우리는 음식을 **소화**시켜서 ㉠**신체**에 필요한 영양소✦를 얻을 수 있어. 음식에는 저마다 다른 영양소가 들어 있어서 골고루 먹어야 튼튼해질 수 있지."

아빠의 말씀에 우진이는 멸치를 ㉡**치아**로 꼭꼭 씹어 삼키고 말했어요.

"멸치에도 영양소가 들어 있어요?"

"그럼, 멸치에는 우리 **뼈**를 튼튼하게 해 주는 영양소가 들어 있단다."

우진이는 식탁에 놓인 여러 반찬을 골고루 집어서 열심히 먹었어요. 식사를 마치니 벌써 육체가 튼튼해진 것 같은 느낌이 들었어요.

✦ **영양소:** 생물에게 영양이 되는 물질.

**7** **이 글의 내용으로 알맞은 것은 무엇인가요? (　　　　)**

① 우진이는 멸치를 아빠의 그릇에 옮겨 두었어요.
② 우진이는 소시지보다 멸치 볶음을 더 좋아해요.
③ 아빠는 우진이의 숟가락에 소시지를 올려 주었어요.
④ 음식을 골고루 먹으면 한 가지 영양소를 얻을 수 있어요.
⑤ 멸치 볶음에는 뼈를 튼튼하게 해 주는 영양소가 들어 있어요.

**8** **㉠, ㉡과 바꾸어 쓸 수 있는 말을 이 글에서 각각 찾아 쓰세요.**

㉠ 신체 – (　　　　　　　　　　)　㉡ 치아 – (　　　　　　　　　　)

# 나와 가족과 관련된 말 ③

다음 상황에 어울리는 낱말을 사다리를 타고 내려가 확인하세요.

우리 가족은 엄마, 아빠, 나, 여동생 이렇게 넷이에요.

나와 여동생은 사이가 무척 좋아요.

우리 가족은 강아지 초코를 키우게 되었어요.

앞으로 초코와 함께 온 가족이 더욱 정답게 지낼 거예요.

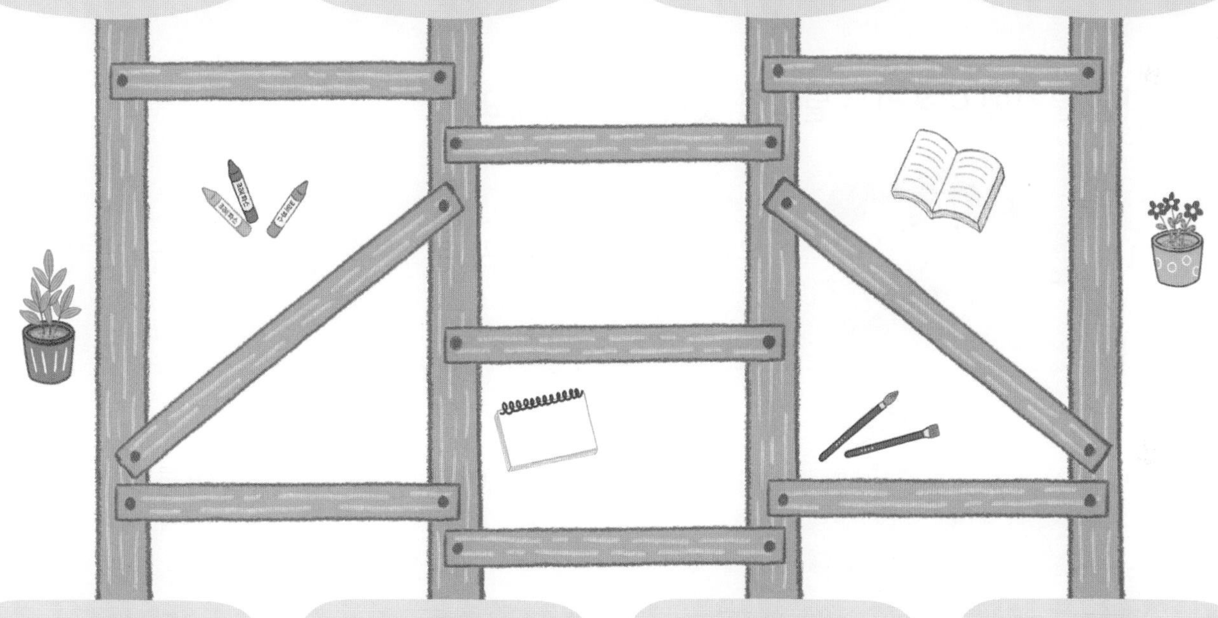

**반려동물**

집에서 가까이 두고 기르며 친밀하게 여기는 동물.

**식구**

한 집에서 함께 사는 사람.

비슷한말 가족

**화목하다**

서로 뜻이 맞고 정답다.

**남매**

남자와 여자가 섞여 있는 여러 형제.

우리 가족에 대해 소개해 본 적이 있나요?
오늘은 우리 가족에 대한 여러 가지 낱말을 열심히 공부해 봐요.

## 1 다음 낱말의 알맞은 뜻을 보기에서 찾아 기호를 쓰세요.

어휘 확인

**보기**

㉠ 서로 뜻이 맞고 정답다.
㉡ 한 집에서 함께 사는 사람.
㉢ 남자와 여자가 섞여 있는 여러 형제.
㉣ 집에서 가까이 두고 기르며 친밀하게 여기는 동물.

(1) 남매 ········· (　　　　　　)　　(2) 식구 ········· (　　　　　　)

(3) 반려동물 ··· (　　　　　　)　　(4) 화목하다 ··· (　　　　　　)

## 2 다음 문장에 어울리는 낱말을 찾아 ○표 하세요.

어휘 적용

(1)  우리 집 ( 식구, 친구 )는 아빠, 엄마, 나 모두 세 명이다.

(2)   승우는 ( 반려동물, 야생 동물 )로 거북이를 기르고 있다.

## 3 다음 중 밑줄 친 낱말을 알맞게 사용하여 말한 친구의 말풍선에 모두 색칠하세요.

어휘 적용

나와 언니는 우애 깊은 남매야.

우리 동네는 이웃들이 화목하게 지내.

반려동물을 기를 때는 책임감을 가져야 해.

**4** 어휘 적용

**다음 중 빈칸에 '화목'이 들어가기에 알맞지 않은 문장을 찾아 기호를 쓰세요.**

㉠ 다투었던 시우와 서로 사과하며 (        )했다.
㉡ 명절이 되면 사람들은 가족, 친척들과 모여 (        )하게 보낸다.
㉢ 선생님은 우리 반 친구들에게 (        )하게 지내라고 말씀하셨다.

(        )

**5** 어휘 확장

**다음 글에서 밑줄 친 낱말과 뜻이 비슷한 낱말을 찾아 쓰세요.**

오늘은 동생의 생일이라 식구들이 함께 모여 잔치를 했어요. 생일 케이크의 촛불을 끄기 전에 동생은 큰 소리로 소원을 빌었어요. 우리 가족이 항상 지금처럼 화목하길 바란다는 소원이었어요.

(        )

짝꿍어휘

**6** **다음 보기의 낱말 뜻을 참고하여 ㉠과 ㉡에 들어갈 알맞은 말을 쓰세요.**

보기

- 기르다: 동식물을 보살펴 자라게 하다.
- 닮다: 사람 또는 사물이 서로 비슷한 생김새나 성질을 지니다.

남매인 민재와 민지는 생김새와 성격이 무척 ( ㉠ ). 둘은 좋아하는 동물도 비슷해서 반려동물로 햄스터를 함께 ( ㉡ ).

남매 — ㉠

반려동물 — ㉡

오늘의 나의 실력은?

○ 다음 가족 신문을 읽고, 물음에 답하세요.

20○○년 가을 호

## 즐거운 민호네 가족 신문

**우리 가족 소개**

우리 ㉠가족은 엄마, 아빠, 나, 여동생 지우 이렇게 네 ㉡식구입니다.

**우리 집 소식**

저번 주 토요일부터 강아지 한 마리를 키우게 되었습니다. 그래서 우리 **남매**에게 새로운 동생이 생겼습니다.

**이번 주 가족회의**

강아지의 이름을 무엇으로 정할지 가족회의를 한 결과 갈색 털을 가져서 '초코'라고 부르기로 했습니다. 회의가 끝난 후에 우리 가족은 앞으로 **반려동물**과 함께 더욱 **화목하게** 지내자는 약속을 했습니다.

**7** 민호네 가족 신문에 실린 내용으로 알맞은 것에 ○표 하세요.

| 저번 주에 동생이 태어났어요. | 민호네 가족은 엄마, 아빠, 민호로 셋이에요. | 가족회의에서 강아지 이름을 '초코'로 정했어요. |
|---|---|---|
| (　　) | (　　) | (　　) |

**8** ㉠과 ㉡에 대한 설명으로 알맞은 것에 ○표 하세요.

(1) 뜻이 서로 비슷한 낱말이에요. (　　)

(2) 뜻이 서로 반대되는 낱말이에요. (　　)

# 나와 가족과 관련된 말 ④

다음 퍼즐 모양을 보고, 빈칸에 들어갈 알맞은 낱말을 쓰세요.

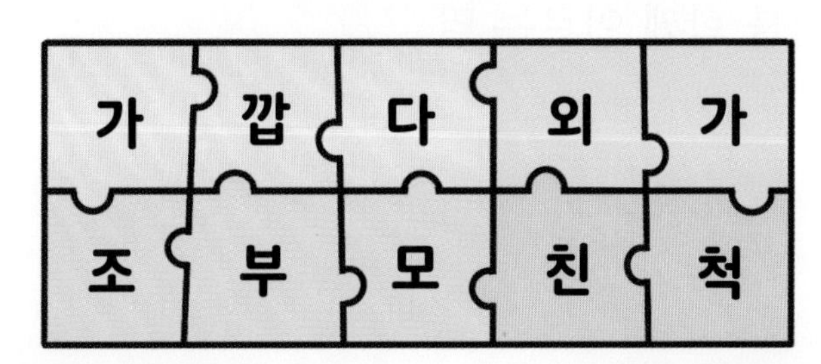


명절이 되면 아버지와 어머니의
형제들을 만나 인사를 나누어요.

아버지, 어머니와 핏줄이 같거나 혼인으로 맺어진 사람들.

가족처럼 친하게 지내는 친척들이 한데 모였어요.

서로의 사이가 다정하고 친하다.

반대말 멀다

외할아버지, 외할머니, 이모, 외삼촌이 계신 곳에도 가요.

어머니의 부모 형제 등이 살고 있는 집.

비슷한말 외갓집 반대말 친가

할아버지, 할머니가 또 보고 싶어요.

할아버지와 할머니를 함께 이르는 말.

명절에 친척들을 만나 즐거운 시간을 보낸 적이 있나요?
그때의 기억을 떠올리며 친척에 대한 여러 가지 낱말을 열심히 공부해 봐요.

## 1 다음 뜻에 알맞은 낱말이 완성되도록 빈칸에 들어갈 글자를 글자판에서 찾아 쓰세요.

어휘 확인

(1) 서로의 사이가 다정하고 친하다.

(2) 할아버지와 할머니를 함께 이르는 말.

## 2 다음 낱말의 뜻으로 알맞으면 ▲에 ○표, 알맞지 않으면 ◓에 ○표 하세요.

어휘 확인

(1) 외가 아버지의 부모 형제 등이 살고 있는 집.

(2) 친척 아버지, 어머니와 핏줄이 같거나 혼인으로 맺어진 사람들.

## 3 다음 낱말이 들어갈 알맞은 문장을 찾아 선으로 이으세요.

어휘 적용

(1) 외가 • • ㉮ 방학 때 (　　　　)에 가서 외할머니를 뵈었다.

(2) 친척 • • ㉯ 나와 용진이는 (　　　　) 관계이지만 친형제처럼 가까워요.

## 4 다음 중 밑줄 친 낱말을 알맞게 사용하여 말한 친구의 말풍선에 모두 색칠하세요.

어휘 적용

설날에 친척 어른들께 세배를 했어.

가깝게 지내던 사촌 동생을 만나서 어색했어.

어버이날에 엄마가 조부모님께 선물을 드렸어.

## 5 다음 밑줄 친 부분과 뜻이 반대인 낱말을 찾아 ○표 하세요.

어휘 확장

주아는 고민이 생기면 고모에게 털어놓을 만큼 고모와 사이가 가깝다.

길다 　 높다 　 멀다 　 친하다

짝꿍어휘

## 6 다음 보기의 낱말 뜻을 참고하여 밑줄 친 낱말과 짝을 이루는 낱말을 찾아 ○표 하세요.

보기

- 데리다: 아랫사람이나 동물 등을 자기와 함께 있게 하다.
- 모시다: 웃어른이나 존경하는 사람을 어떤 곳으로 함께 가거나 안내하다.

그는 조부모님을 ( 데리고, 모시고 ) 여행을 갔어요. 할머니와 할아버지 모두 행복한 시간을 보냈어요.

오늘의 나의 실력은?

최고야

좋았어
힘내자

◦ 다음 글을 읽고, 물음에 답하세요.

명절에는 ( ㉠ ) **친척**이 한데 모이게 되죠. 친척을 부르는 말을 잘 알고 있나요?

아버지 쪽의 집안을 '친가'라고 하는데, 아버지와 아버지의 형제를 낳아 주신 **조부모**님은 '친할아버지, 친할머니'라고 불러요. 아버지의 남자 형제는 '삼촌', 여자 형제는 '고모'라고 해요.

어머니 쪽의 집안은 **'외가'**라고 하는데, 어머니와 어머니의 형제를 낳아 주신 조부모님은 '외할아버지, 외할머니'라고 불러요. 어머니의 남자 형제는 '외삼촌', 여자 형제는 '이모'라고 해요.

아버지와 어머니의 형제자매가 낳은 자식들은 나와 사촌 관계가 되지요.

## 7 다음 그림을 보고 빈칸에 부르는 말을 알맞게 쓰세요.

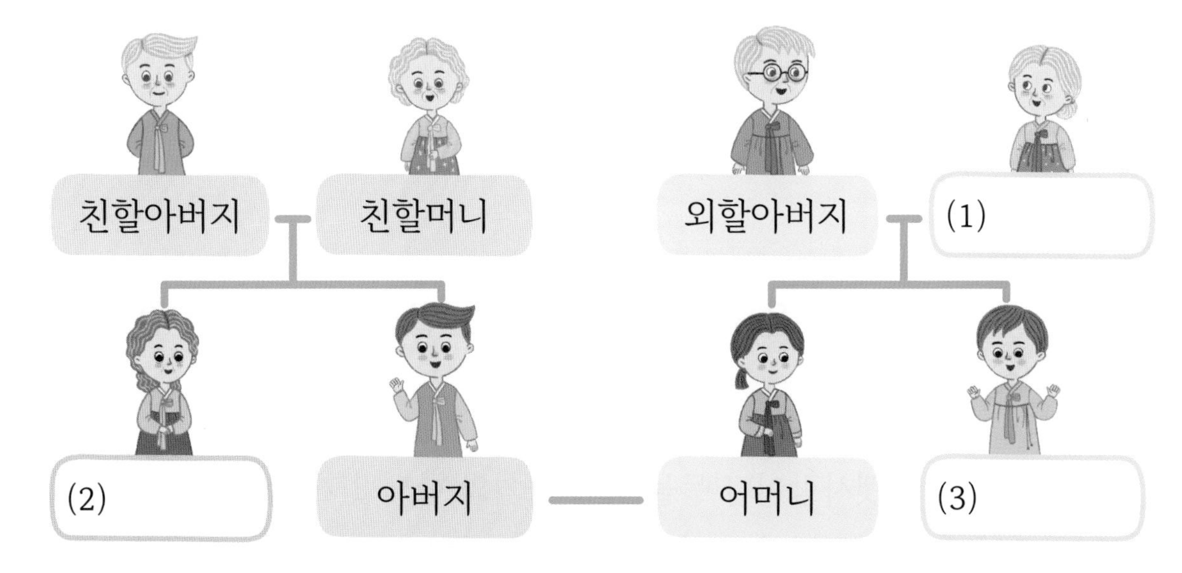


## 8 ㉠에 들어갈 말로 다음과 같은 뜻을 가진 낱말을 찾아 ○표 하세요.

서로의 사이가 다정하고 친한.

먼　강한　가까운　중요한

공부한 날 ___월 ___일

# 나와 가족과 관련된 말

다음 뜻풀이를 보고, 십자말풀이를 완성하세요.

| 1 |  |  | 2 | 3 |  |  |  |
|---|---|---|---|---|---|---|---|
|  |  |  |  |  |  |  |  |
|  |  |  |  |  |  | 7 | 8 |
|  |  |  |  |  |  |  |  |
| 4 |  | 6 |  |  |  |  |  |
|  |  |  |  |  |  |  |  |
| 5 |  |  |  |  |  |  |  |

### 가로

1 개인이 가지고 있는 본래의 성질이나 품성.
2 어머니의 부모 형제 등이 살고 있는 집.
5 웃어른이나 존경하는 사람을 어떤 곳으로 함께 가거나 안내하다.
6 내기나 시합, 싸움에서 승부를 겨루어 앞서다.
7 사람이나 동물이 먹은 것을 배 속에서 처리하여 영양분으로 빨아들이는 것.

### 세로

1 남자와 여자 또는 수컷과 암컷의 구별.
3 서로의 사이가 다정하고 친하다.
4 할아버지와 할머니를 함께 이르는 말.
6 뜻한 대로 되게 하다.
8 서로 뜻이 맞고 정답다.

## 1 다음 밑줄 친 부분이 뜻하는 낱말을 빈칸에 쓰세요.

우리나라의 전통 옷인 한복은 남녀의 구별에 따라 입는 옷이 달랐어요. 남자는 허리까지 오는 저고리에 넓은 바지를 입었고, 여자는 짧은 저고리에 치마를 입었어요.

## 2 다음 밑줄 친 부분이 뜻하는 낱말은 무엇인가요? (　　　　)

「해와 달이 된 오누이」는 무서운 호랑이에게 쫓기던 오빠와 여동생이 지혜와 용기로 호랑이를 물리치고 하늘로 올라가 각각 해와 달이 되었다는 옛날 이야기입니다.

① 남매　② 모녀　③ 부녀
④ 자매　⑤ 형제

## 3 다음 밑줄 친 부분과 뜻이 비슷한 낱말은 무엇인가요? (　　　　)

'웃는 집에 복이 있다'라는 속담이 있어요. 가족이 화목하여 늘 웃음꽃이 피는 집에는 행복이 찾아든다는 뜻이에요.

① 가장　② 식구　③ 식사
④ 친구　⑤ 친척

**4** 다음 글의 빈칸에 공통으로 들어갈 알맞은 낱말은 무엇인가요? (          )

요즈음 우리 주변에는 개나 고양이와 같은 (          )을 기르는 사람들이 많아요. (          )과 함께 공원과 같은 공공장소를 산책할 때에는 지켜야 할 예절이 있어요. 목줄을 꼭 챙겨야 하고, 배설물도 잘 처리해야 해요.

① 반려동물 ② 야생 동물 ③ 육식 동물
④ 잡식 동물 ⑤ 초식 동물

**5** 다음 글은 무엇에 대한 내용인가요? (          )

우리가 먹은 음식물 속의 영양분을 우리 몸속으로 빨아들이려면 음식물을 잘게 쪼개어 몸에 모아들일 수 있는 형태로 처리하는 과정을 거쳐야 합니다.

① 감각 ② 근육 ③ 소화
④ 신체 ⑤ 운동

**6** 다음 보기의 낱말을 모두 사용하여 빈칸에 알맞은 말을 써서 문장을 완성하세요.

보기

꿈, 성격, 치아

제 이름은 정유진입니다. 저는 호기심이 많고 긍정적인 ____________을 가졌습니다. 제 ____________은 사람들이 건강한 ____________를 갖도록 치료하는 일을 하는 치과 의사가 되는 것입니다.

# 한 걸음 더!

오늘의 나의 실력은?

최고야 좋았어 힘내자



정답확인

○ 다음 빈칸에 들어갈 알맞은 말을 보기에서 찾아 써서 관용 표현을 완성하세요.

보기

넓다, 크다, 따갑다, 붙이다

눈을 ☐☐☐

잠을 자다.

잠시 눈을 붙이고 나니 피곤하지 않네.

귀가 ☐☐☐

소리가 날카롭고 커서 듣기에 괴롭다.

친구의 목소리가 너무 커서 귀가 따가워.

손이 ☐☐

씀씀이가 후하고 크다.

할머니는 손이 커서 음식을 많이 만드셔.

발이 ☐☐

사귀어 아는 사람이 많아 활동하는 범위가 넓다.

준이는 발이 넓어서 다른 반에도 친구가 많아.

# 주변 장소와 관련된 말 ①

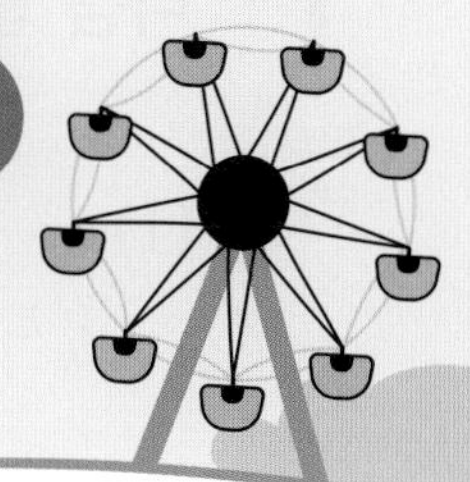

다음 낱말의 뜻을 보고, 빈칸에 알맞은 낱말을 써서 이야기를 완성하세요.

**사다**
돈을 주고 어떤 물건을 자기 것으로 만들다.
반대말 팔다

**시장**
여러 가지 물건을 사고파는 곳.

**진열**
여러 사람에게 보이기 위해 물건을 늘어놓음.

**거스름돈**
치러야 할 돈을 빼고 도로 주거나 받는 돈.
비슷한말 잔돈

시장

출발

사람들은 ☐☐에서 필요한 물건을 산다.

시장에서는 여러 가지 물건을 ☐☐하여 판다.

반찬거리를 ☐☐.

10000

물건을 사고 ☐☐☐☐을 받는다.

1000

도착

시장에 가서 물건을 사거나 구경을 해 본 적이 있나요?
오늘은 시장에 대한 여러 가지 낱말을 열심히 공부해 봐요.

## 1 다음 낱말의 뜻에 맞게 알맞은 낱말을 찾아 ○표 하세요.

어휘 확인

(1) 시장 여러 가지 물건을 ( 버리는, 사고파는 ) 곳.

(2) 거스름돈 치러야 할 돈을 빼고 도로 주거나 받는 ( 돈, 물건 ).

## 2 다음 낱말의 뜻으로 알맞은 것을 찾아 ○표 하세요.

어휘 확인

사다
(1) 돈을 받고 물건을 다른 사람에게 넘기다. ( )
(2) 돈을 주고 어떤 물건을 자기 것으로 만들다. ( )

진열
(1) 흥미나 관심을 가지고 봄. ( )
(2) 여러 사람에게 보이기 위해 물건을 늘어놓음. ( )

## 3 다음 문장에 어울리는 낱말을 보기에서 찾아 빈칸에 쓰세요.

어휘 적용

보기

시장, 진열, 거스름돈

(1)  아빠가 ( )에서 수박을 샀다.

(2)  편의점에 물건이 잘 ( )되어 있다.

(3)  만 원을 내고 ( )으로 삼천 원을 받았다.

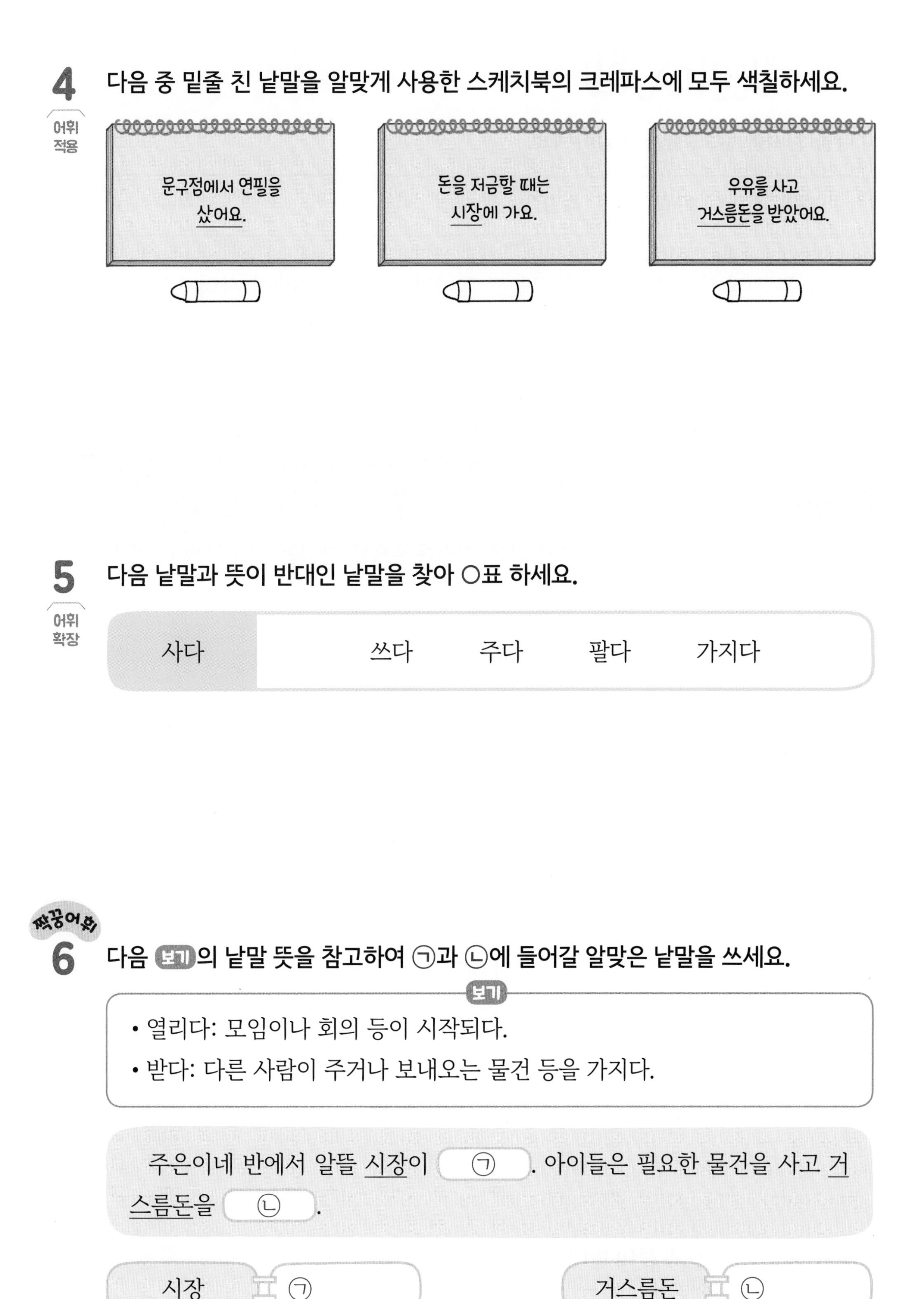

**4** 다음 중 밑줄 친 낱말을 알맞게 사용한 스케치북의 크레파스에 모두 색칠하세요.

어휘 적용



**5** 다음 낱말과 뜻이 반대인 낱말을 찾아 ○표 하세요.

어휘 확장

| 사다 | 쓰다 | 주다 | 팔다 | 가지다 |
|---|---|---|---|---|

짝꿍어휘

**6** 다음 보기의 낱말 뜻을 참고하여 ㉠과 ㉡에 들어갈 알맞은 낱말을 쓰세요.

보기
- 열리다: 모임이나 회의 등이 시작되다.
- 받다: 다른 사람이 주거나 보내오는 물건 등을 가지다.

주은이네 반에서 알뜰 시장이 ( ㉠ ). 아이들은 필요한 물건을 사고 거스름돈을 ( ㉡ ).

시장 ㉠ 
거스름돈 ㉡ 

# 독해로 어휘 마무리

오늘의 나의 실력은?

최고야 좋았어 힘내자

**○ 다음 일기를 읽고, 물음에 답하세요.**

20○○년 10월 2일 수요일

나는 **시장** 구경을 좋아한다. 오늘도 엄마와 함께 반찬거리를 **사러** 시장에 다녀왔다. 토요일이라 시장은 물건을 ㉠파는 상인들과 필요한 물건을 사는 사람들로 무척 붐볐다. 그리고 가게마다 물건들이 다양하게 **진열**되어 있었다. 물건 값을 흥정하는 사람들의 모습도 보였고 맛있는 간식을 파는 곳에서 줄을 서 있거나 간식을 먹는 사람들도 볼 수 있었다. 시장 이곳저곳을 구경하느라 시간 가는 줄 몰랐다.

엄마는 반찬거리를 사고 나서 받은 **거스름돈**으로 맛있는 핫도그를 사 주셨다. 구경거리도 많고 먹을거리도 많은 시장이 나는 참 좋다.

◆ **흥정:** 어떤 물건을 사거나 팔기 위하여 물건의 질이나 가격 등을 의논함.

**7** **시장에서 본 모습으로 알맞지 않은 것은 무엇인가요? (        )**

① 간식을 먹는 사람들의 모습

② 다양하게 진열된 물건들의 모습

③ 물건 값을 흥정하는 엄마의 모습

④ 여러 가지 물건을 파는 사람들의 모습

⑤ 먹을거리를 사기 위해 줄을 선 사람들의 모습

**8** **이 글에서 ㉠과 뜻이 반대인 낱말을 찾아 쓰세요.**

(                    )

# 주변 장소와 관련된 말 ②

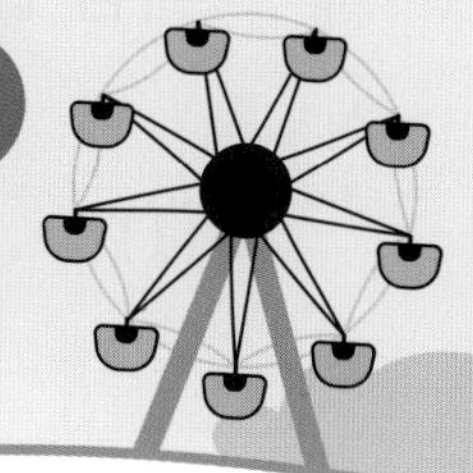

다음 퍼즐 모양을 보고, 빈칸에 들어갈 알맞은 낱말을 쓰세요.

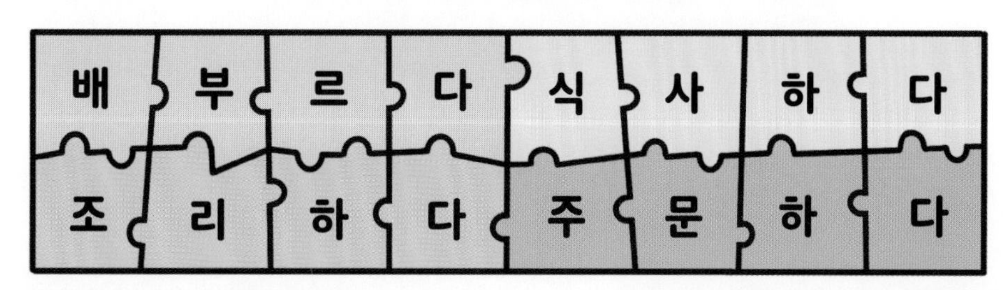


식당에서 요리사에게 음식을 시켜요.

어떤 물건을 만들거나 파는 사람에게 그 물건의 종류, 수, 모양, 크기 등을 말해 주고 그렇게 만들거나 보내어 달라고 부탁하다.

주문하는 즉시 정성을 가득 담아 음식을 만들어요.

요리를 만들다.

비슷한말 요리하다

넓은 공간에서 가족들과 함께 음식을 먹을 수 있어요.

아침, 점심, 저녁과 같이 날마다 일정한 시간에 음식을 먹다.

맛있는 음식을 배가 차도록 충분히 먹어요.

더 먹을 수 없이 양이 차다.

반대말 배고프다

가족들과 함께 멋진 식사를 할 수 있는 음식점을 소개하고 있네요.
오늘은 음식점에 대한 여러 가지 낱말을 열심히 공부해 봐요.

## 1 다음 낱말의 뜻으로 알맞은 것을 찾아 선으로 이으세요.

어휘 확인

(1) 배부르다 • • ㉮ 요리를 만들다.

(2) 조리하다 • • ㉯ 더 먹을 수 없이 양이 차다.

## 2 다음 낱말의 뜻으로 알맞으면 🍎에 ○표, 알맞지 않으면 (먹은 사과)에 ○표 하세요.

어휘 확인

(1) 주문하다 식당 등에서 요리를 맛보다.

(2) 식사하다 아침, 점심, 저녁과 같이 날마다 일정한 시간에 음식을 먹다.

## 3 다음 문장에 어울리는 낱말을 찾아 ○표 하세요.

어휘 적용

(1) 

분식집에서 떡볶이와 김밥을 ( 연락하다, 주문하다 ).

(2) 

힘찬이의 꿈은 맛있는 음식을 ( 조리하는, 주문하는 ) 요리사가 되는 것이다.

## 4 다음 중 밑줄 친 낱말을 알맞게 사용하여 말한 친구의 말풍선에 모두 색칠하세요.

어휘 적용

저녁을 조금만 먹었더니 너무 배불러.

음식을 조리하기 전에 손을 꼭 씻어야 해.

다른 사람과 식사할 때는 음식이 튀지 않게 조심해야 해.

## 5 다음 밑줄 친 부분과 뜻이 비슷한 낱말을 찾아 ○표 하세요.

어휘 확장

건강을 위해 신선한 재료로 음식을 조리하다.

먹다 | 자르다 | 요리하다 | 주문하다

짝꿍어휘

## 6 다음 보기의 낱말 뜻을 참고하여 밑줄 친 낱말과 짝을 이루는 낱말을 찾아 각각 ○표 하세요.

보기

따르릉: 전화벨 등이 울리는 소리.
꼬르륵: 배가 고프거나 소화가 잘되지 않아 배 속이 끓는 소리.
시간: 어떤 일을 하기로 정하여진 동안.
예절: 사람이 생활에서 지켜야 하는 바르고 공손한 태도나 행동.

미래는 늦잠을 자는 바람에 아침을 먹지 못했어요. 너무 배고파 배에서 ( 꼬르륵, 따르릉 ) 소리가 났어요. 점심시간이 되자 미래는 허겁지겁 밥을 먹었어요. 그러자 우주가 미래에게 아무리 배가 고파도 식사 ( 시간, 예절 )을 잘 지켜야 한다고 이야기했어요.

○ 다음 광고를 읽고, 물음에 답하세요.

신선한 음식이 가득한
**미래 식당**

맛있게 차린 밥상은 한 끼를 든든하게 채우고 마음까지 **배부르게** 합니다.

미래 식당은 **주문하는** 즉시 20년 동안 요리를 해 온 요리사가 정성을 가득 담아 **조리하여** 신선한 음식을 대접해✦ 드립니다. 자리에 앉아 요리사가 요리하는 모습을 직접 보며 음식을 눈으로 먼저 즐길 수 있습니다.

배고픈 식사 시간에 고민하지 마시고 넓고 따뜻한 공간에서 가족들과 함께 **식사하며** 몸과 마음이 건강해지는 맛을 느껴 보세요.

✦ **대접하다:** 음식을 차려 손님을 모시다.

**7** **미래 식당에 대한 설명으로 알맞지 않은 것은 무엇인가요? (　　　　)**

① 신선한 음식이 가득해요.
② 요리사가 요리하는 모습을 볼 수 있어요.
③ 주문하는 즉시 요리사가 음식을 만들어요.
④ 20년 동안 요리를 해 온 요리사가 요리를 해요.
⑤ 공간은 좁지만 따뜻한 분위기를 느낄 수 있어요.

**8** **다음을 보고 두 낱말의 뜻이 서로 비슷하면 ‘비’, 뜻이 서로 반대이면 ‘반’이라고 쓰세요.**

(1) 배부르다 : 배고프다 (　　　　　　)

(2) 조리하다 : 요리하다 (　　　　　　)

# 주변 장소와 관련된 말 ③

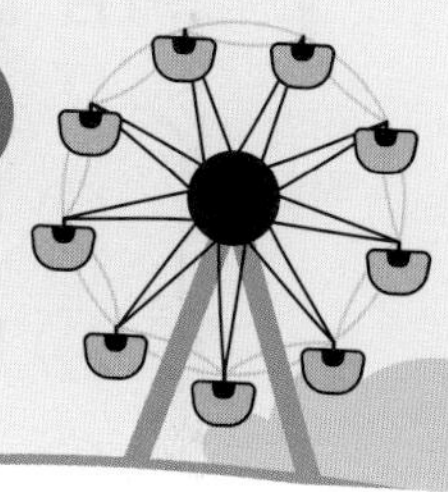

다음 열쇠 모양과 열쇠 구멍을 보고, 빈칸에 들어갈 알맞은 낱말을 쓰세요.

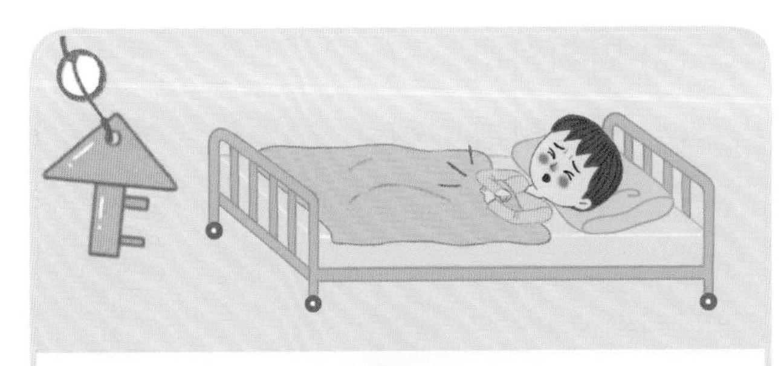

**환자**

병들거나 다쳐서 치료를 받아야 할 사람.

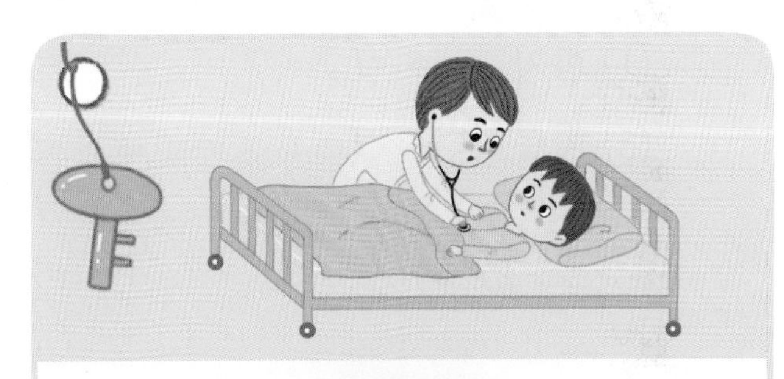

**입원하다**

환자가 병을 고치기 위해 일정한 기간 동안 병원에 들어가 지내다.

반대말 퇴원하다

**치료하다**

병이나 상처 등을 낫게 하다.

비슷한말 고치다

**회복하다**

아프거나 약해졌던 몸을 다시 예전의 상태로 돌이키다.

우리는 몸이 아플 때 병원에 가서 진료를 받고 치료를 해요.
오늘은 병원에 대한 여러 가지 낱말을 열심히 공부해 봐요.

## 1 다음 낱말의 알맞은 뜻을 보기에서 찾아 기호를 쓰세요.

어휘 확인

보기

㉠ 병이나 상처 등을 낫게 하다.
㉡ 병들거나 다쳐서 치료를 받아야 할 사람.
㉢ 아프거나 약해졌던 몸을 다시 예전의 상태로 돌이키다.
㉣ 환자가 병을 고치기 위해 일정한 기간 동안 병원에 들어가 지내다.

(1) 환자 ……… (　　　　　　)　　(2) 입원하다 … (　　　　　　)

(3) 치료하다 … (　　　　　　)　　(4) 회복하다 … (　　　　　　)

## 2 다음 문장에 어울리는 낱말을 찾아 ○표 하세요.

어휘 적용

(1)  보건 선생님이 상처를 ( 처방, 치료 )해 주셨다.

(2)  감기 때문에 병원을 찾는 ( 의사, 환자 )가 많다.

## 3 다음 중 밑줄 친 낱말을 알맞게 사용한 스케치북의 크레파스에 색칠하세요.

어휘 적용

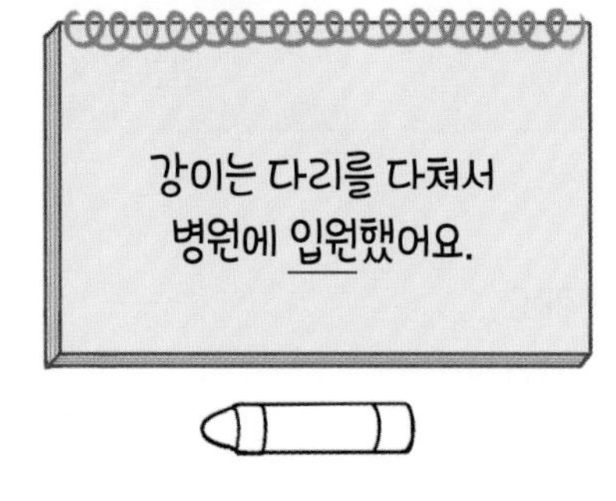


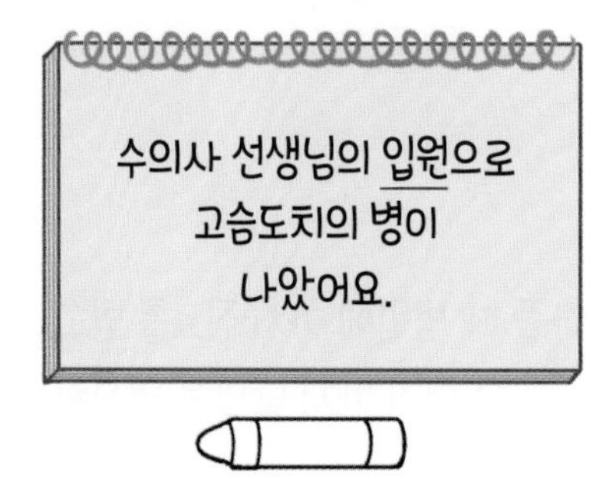


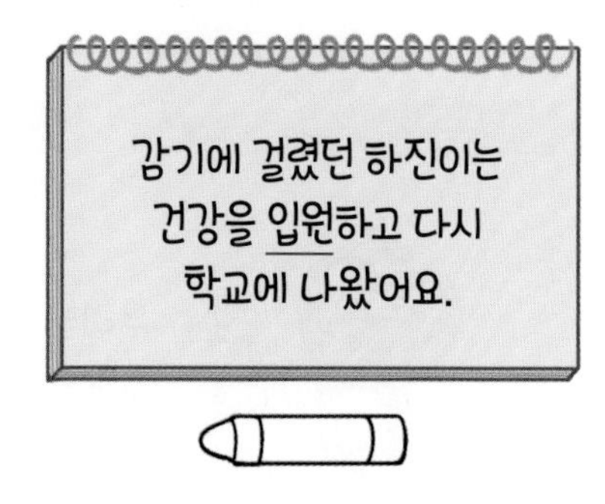

## 4 다음 문장의 빈칸에 공통으로 들어갈 알맞은 낱말을 쓰세요.

어휘 적용

- 희수는 열심히 운동해서 건강을 (          )했어요.
- 밤새 아팠던 동생이 다행히 다음 날 아침이 되자 (          )했어요.
- 엄마는 아픈 아이가 빨리 (          )할 수 있도록 정성껏 보살폈어요.

(                    )

## 5 다음 짝지어진 낱말의 뜻이 서로 비슷하면 🍉에 ○표, 서로 반대이면 🍉에 ○표 하세요.

어휘 확장

(1) 고치다 : 치료하다 → 🍉, 🍉

(2) 입원하다 : 퇴원하다 → 🍉, 🍉

짝꿍어휘

## 6 다음 보기의 낱말 뜻을 참고하여 ㉠과 ㉡에 들어갈 알맞은 말을 쓰세요.

보기

- 병: 생물체가 건강이 나빠진 상태.
- 건강: 몸이나 정신이 이상이 없이 튼튼한 상태.

의사는 환자의 [ ㉠ ]을 치료하는 일을 해요. 그리고 환자가 [ ㉡ ]을 회복할 수 있도록 도와요.

㉠ [      ] 치료하다

㉡ [      ] 회복하다

오늘의 나의 실력은?

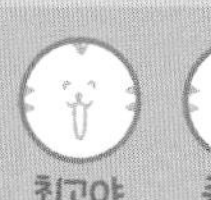

○ 다음 편지를 읽고, 물음에 답하세요.

김선우 의사 선생님께

선생님, 안녕하세요? 저는 얼마 전에 퇴원한 정윤호예요.

처음에 배탈로 병원에 ( ㉠ )하게 되었을 때 병원에 있는 것이 무섭고 싫었어요. 하지만 선생님께서 친절하게 대해 주시고 열심히 **치료해** 주신 덕분에 잘 **회복해서** 퇴원하게 되었어요. 정말 감사합니다.

선생님을 보며 저도 나중에 의사가 되고 싶다는 생각을 했어요. **환자**들의 병을 잘 고치는 친절한 의사가 되고 싶어요.

짧은 입원 기간이었지만 선생님을 만나 병원이 무서운 곳만은 아니라는 것을 알았어요. 다시 한 번 감사합니다. 안녕히 계세요.

정윤호 올림

**7** 윤호는 의사 선생님께 편지를 써서 어떤 마음을 전했는지 ○표 하세요.

| 감사한 마음 | 무서운 마음 | 신나는 마음 |
|---|---|---|
| (   ) | (   ) | (   ) |

**8** 다음 설명을 참고했을 때 ㉠에 들어갈 알맞은 낱말은 무엇인가요? (   )

- '퇴원'과 뜻이 반대인 말이에요.
- 환자가 병을 고치기 위해 일정한 기간 동안 병원에 들어가 지내는 것을 뜻해요.

① 건강 ② 의사 ③ 입원 ④ 질병 ⑤ 회복

# 주변 장소와 관련된 말 ④

다음 상황에 어울리는 낱말을 사다리를 타고 내려가 확인하세요.

도서관에서는 조용히 책을 읽어요.

다 본 책은 책꽂이에 꽂아 두어요.

자신의 회원증을 보여 주고 책을 빌려요.

책을 돌려 주는 날짜를 지켜요.

**반납**

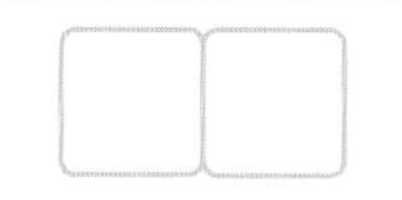

빌리거나 받은 것을 도로 돌려줌.

**서가**

책을 꽂아 두는 여러 층으로 된 선반.

비슷한말 책꽂이

**독서**

책을 읽음.

**대출**

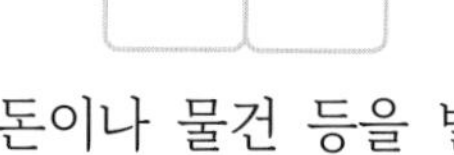

돈이나 물건 등을 빌려주거나 빌림.

도서관에 가서 책을 읽거나 빌려 본 적이 있나요?
그때의 기억을 떠올리며 도서관에 대한 여러 가지 낱말을 열심히 공부해 봐요.

## 1 다음 뜻에 알맞은 낱말이 완성되도록 빈칸에 들어갈 글자를 글자판에서 찾아 쓰세요.

어휘 확인

(1) 책을 읽음. [ ][ ]

(2) 빌리거나 받은 것을 도로 돌려줌. [ ][ ]

(3) 돈이나 물건 등을 빌려주거나 빌림. [ ][ ]

(4) 책을 꽂아 두는 여러 층으로 된 선반. [ ][ ]

## 2 다음 낱말이 들어갈 알맞은 문장을 찾아 선으로 이으세요.

어휘 적용

(1) 독서 •      • ㉮ (　　　　)를 하는 것이 취미인 시영이는 책을 많이 가지고 있어요.

(2) 서가 •      • ㉯ 학교 도서관에서 사서 선생님이 (　　　　)에 책을 꽂고 계셨어요.

## 3 다음 중 밑줄 친 낱말을 알맞게 사용하여 말한 친구의 말풍선에 모두 색칠하세요.

어휘 적용

다 읽은 책은 <u>독서</u>에 차곡차곡 정리해야 해.

도서관에서 빌린 책을 일주일 만에 <u>반납</u>했어.

읽고 싶었던 동화책을 도서관에서 <u>대출</u>했어.

**4** 다음 중 빈칸에 '대출'이 들어가기에 알맞지 않은 문장을 찾아 기호를 쓰세요.

어휘 적용

㉠ 우리 동네 도서관은 책을 7권까지 (          )할 수 있어요.
㉡ 빌려 간 책을 제 날짜에 반납하지 않아 (          )되었어요.
㉢ 도서관에서 (          )한 책을 반납함을 이용하여 반납했어요.

(          )

**5** 다음 문장과 뜻이 비슷한 문장을 찾아 ○표 하세요.

어휘 확장

도서관 서가에는 많은 책이 꽂혀 있어요.

(1) 도서관 책꽂이에는 많은 책이 꽂혀 있어요. (     )
(2) 도서관 반납함에는 많은 책이 꽂혀 있어요. (     )

짝꿍어휘

**6** 다음 보기의 낱말 뜻을 참고하여 밑줄 친 낱말과 짝을 이루는 낱말을 찾아 ○표 하세요.

보기

• 도서: 일정한 주제나 형식에 맞추어 어떤 생각이나 감정, 이야기 등을 글이나 그림으로 표현해 인쇄하여 묶어 놓은 것. = 책.

도서관에서는 다양한 ( 도서, 독서 )를 읽을 수 있고, 대출하여 집에 가서 읽은 후 반납할 수 있어요.

오늘의 나의 실력은?

○ 다음 안내문을 읽고, 물음에 답하세요.

**미래 도서관 이용 안내**

**도서 대출 및 반납 안내**

- 대출대에 자신의 회원증을 보여 주고 책을 **대출**합니다.
- 대출은 1명당 5권, 14일 동안 가능합니다.
- **반납**은 대출대에서 하거나 1층 무인 반납함을 이용합니다.
- 대출 기간 및 반납 날짜를 꼭 지킵니다.

**주의 사항**

- **독서**를 할 때에는 다른 사람에게 방해가 되지 않도록 조용히 읽습니다.
- 보신 책은 ( ㉠ )에 꽂아 두거나 반납대에 가져다 둡니다.
- 음료수, 과자 등 음식물은 휴게실에서 먹습니다.

**무인:** 사람이 없음.

**7** 도서관을 이용하는 방법을 알맞게 말한 친구는 누구인지 쓰세요.

- 가온: 친구의 회원증으로 책을 빌려 갈 수 있어.
- 인성: 한 사람이 5권의 책을 14일 동안 빌려 볼 수 있어.
- 서윤: 도서관 책상에 앉아 책을 읽으면서 과자를 먹을 수 있어.

( )

**8** ㉠에 들어갈 수 있는 낱말을 모두 찾아 ○표 하세요.

서가 　 서점 　 책꽂이 　 책상

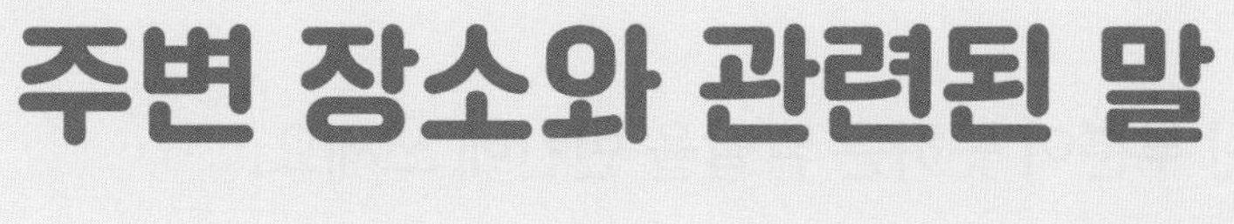


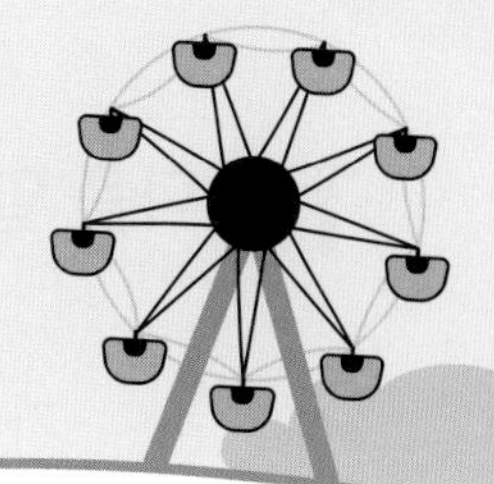

다음 뜻에 알맞은 낱말을 가로, 세로, 대각선으로 찾아 연결하세요.

| | | | | | | | | |
|---|---|---|---|---|---|---|---|---|
| 배 | 붐 | 비 | 다 | 주 | 거 | 래 | 시 | 장 |
| 부 | 도 | 서 | 문 | 꽃 | 판 | 매 | 흥 | 정 |
| 르 | 반 | 하 | 거 | 리 | 속 | 독 | 회 | 숙 |
| 다 | 다 | 거 | 스 | 름 | 돈 | 서 | 복 | 입 |
| 입 | 조 | 리 | 하 | 다 | 진 | 열 | 원 | 퇴 |
| 환 | 자 | 의 | 사 | 리 | 대 | 하 | 인 | 반 |
| 치 | 료 | 하 | 다 | 출 | 다 | 리 | 사 | 납 |

1 책을 읽음.
2 요리를 만들다.
3 더 먹을 수 없이 양이 차다.
4 병이나 상처 등을 낫게 하다.
5 여러 가지 물건을 사고파는 곳.
6 빌리거나 받은 것을 도로 돌려줌.
7 돈이나 물건 등을 빌려주거나 빌림.
8 치러야 할 돈을 빼고 도로 주거나 받는 돈.
9 환자가 병을 고치기 위해 일정한 기간 동안 병원에 들어가 지내다.
10 어떤 물건을 만들거나 파는 사람에게 그 물건의 종류, 수, 모양, 크기 등을 말해 주고 그렇게 만들거나 보내어 달라고 부탁하다.

**1** 다음 밑줄 친 부분이 뜻하는 낱말을 빈칸에 쓰세요.

가영이는 부모님께 용돈 삼천 원을 받아 동생과 함께 마트에 갔어요. 과자를 산 후 삼천 원을 내니 과자 값을 뺀 나머지 돈을 돌려주었어요.

**2** 다음 밑줄 친 부분이 뜻하는 낱말은 무엇인가요? (　　　　)

도서관에 가서 읽고 싶은 책을 찾아 읽다가 책을 덮고 가기 아쉽다면, 책을 빌려 갈 수 있어요.

① 대출　　② 독서　　③ 반납
④ 열람　　⑤ 예약

**3** 다음 밑줄 친 부분과 뜻이 반대인 낱말은 무엇인가요? (　　　　)

배고픈 여우 한 마리가 먹을 것을 찾아 숲을 돌아다니다가 포도송이를 발견했어요. 하지만 여우가 따 먹기에는 포도가 너무 높은 가지에 매달려 있었어요.

① 먹다　　② 마르다　　③ 살찌다
④ 야위다　　⑤ 배부르다

## 4 다음 글의 ㉠에 들어갈 알맞은 낱말은 무엇인가요? (  )

어둡고 습기가 찰 때 음식물 등에 생기는 푸른곰팡이는 우리에게 해를 끼치기도 하지만 도움을 주기도 해요. 푸른곰팡이를 이용해서 병균을 죽이는 약을 만들어 폐렴과 같은 병을 ( ㉠ )할 수 있어요.

① 검진
② 성장
③ 입원
④ 진찰
⑤ 치료

## 5 다음 글은 무엇에 관한 내용인가요? (  )

시장은 파는 물건에 따라 채소나 곡식, 과일 등을 파는 '농산물 시장', 꽃이나 여러 식물을 파는 '꽃 시장', 가구를 주로 파는 '가구 시장', 생선이나 해산물 등을 파는 '수산 시장' 등 여러 가지 종류가 있어요.

① 시장의 뜻
② 시장의 종류
③ 시장의 변화
④ 시장이 생긴 까닭
⑤ 옛날 시장의 모습

## 6 다음 보기의 낱말을 모두 사용하여 빈칸에 알맞은 말을 써서 문장을 완성하세요.

보기

독서, 반납, 조리

엄마와 도서관에 간 건후는 며칠 전에 대출했던 책들을 ________하고, 읽고 싶었던 책을 새로 빌렸어요. 집에 돌아와 건후가 빌려 온 책으로 ________를 하는 동안 엄마는 건후가 먹고 싶어 하는 떡볶이를 ________해 주셨어요.

# 한 걸음 더!

오늘의 나의 실력은? 최고야 좋았어 힘내자

7주 5일 정답확인

○ 다음 빈칸에 들어갈 알맞은 관용 표현을 보기에서 찾아 쓰세요.

보기

귀를 기울이다, 군침을 삼키다, 눈살을 찌푸리다, 발 디딜 틈이 없다

많은 사람이 좁은 공간에 모여 어지럽고 복잡하다.

주말에 시장에 가니 사람이 많아 발 디딜 틈이 없어.

음식 등을 보고 먹고 싶어서 입맛을 다시다.

음식이 너무 맛있어 보여서 군침을 삼켰어.

남의 이야기에 관심을 가지고 주의를 모으다.

의사 선생님의 말씀에 귀를 기울였어.

마음에 못마땅하여 눈썹 사이를 찡그리다.

도서관에서 떠드는 친구를 보며 눈살을 찌푸렸어.

# 안전과 관련된 말 ①

다음 낱말의 뜻을 보고, 빈칸에 알맞은 낱말을 써서 이야기를 완성하세요.

학교 주변에서 안전하게 다니기 위해서는 교통안전 규칙을 잘 지켜야 해요.
오늘은 교통안전과 관련된 낱말에 대해 열심히 공부해 봐요.

## 1 다음 뜻에 알맞은 낱말이 완성되도록 빈칸에 들어갈 글자를 글자판에서 찾아 쓰세요.

어휘 확인

| 판 | 안 | 인 | 전 | 좌 | 도 | 표 | 우 | 지 |
|---|---|---|---|---|---|---|---|---|

(1) 옆이나 곁 또는 주변. □□

(2) 위험이 생기거나 사고가 날 염려가 없는 상태. □□

(3) 어떠한 사실을 알리기 위하여 일정한 표시를 해 놓은 판. □□□

(4) 차가 다니는 큰길에서 사람이 걸어 다니게 따로 갈라놓은 길. □□

## 2 다음 문장에 어울리는 낱말을 찾아 ○표 하세요.

어휘 적용

(1)  버스에서 내리기 전에는 ( 기분, 좌우 )을/를 살펴야 한다.

(2)  수영장에서 ( 안전, 위급 )하게 물놀이하기 위해서는 규칙을 잘 지켜야 한다.

## 3 다음 중 밑줄 친 낱말을 알맞게 사용하여 말한 친구의 말풍선에 색칠하세요.

어휘 적용

넓은 인도로 차들이 쌩쌩 다녀.

도로에서는 표지판을 잘 보고 다녀야 해.

선생님은 규칙을 어기면 안전한 생활을 할 수 있다고 하셨어.

**4** 어휘 확장

**다음 글에서 밑줄 친 부분과 뜻이 반대인 낱말을 찾아 쓰세요.**

도로 곳곳에는 사람들의 안전을 위해 수많은 표지판이 있습니다. 표지판은 도로의 위험이나 주의 사항을 잘 알려 줄 수 있도록 눈에 잘 띄는 다양한 색깔로 만듭니다.

(                    )

**5** 어휘 확장

**다음 밑줄 친 부분과 뜻이 비슷한 낱말을 찾아 ○표 하세요.**

신호등이 빨간불일 때에는 인도에서 기다려야 해요.

보도 　 차도 　 철도 　 지하도

짝꿍어휘

**6** **다음 보기의 낱말 뜻을 참고하여 밑줄 친 낱말과 짝을 이루는 낱말을 찾아 각각 ○표 하세요.**

보기

운전자: 자동차를 운전하는 사람.
보행자: 길거리를 걸어 다니는 사람.
살피다: 이것저것 조심하여 자세히 보다.
건너다: 무엇을 넘거나 지나서 맞은편으로 이동하다.

길을 걸을 때, ( 보행자, 운전자 )는 인도로 다녀야 합니다. 또, 길을 건너기 전에는 항상 횡단보도 앞에 서서 좌우를 ( 건너야, 살펴야 ) 합니다.

오늘의 나의 실력은?

최고야

좋았어

힘내자

정답확인

○ **다음 글을 읽고, 물음에 답하세요.**

어린이 교통사고를 예방✦하고 우리의 ㉠**안전**을 지키기 위해서는 운전자와 어린이 모두 교통안전 규칙을 지켜야 합니다.

길을 건널 때 횡단보도 앞에서는 우선 멈추고 ㉡**좌우**를 ㉢살핍니다. 그리고 횡단보도를 건널 때에는 뛰지 말고 주위를 살피며 천천히 걸어야 합니다. ㉣**인도**를 다닐 때에는 인도 안쪽으로 다니고, 스마트폰을 보면서 걸어 다니지 않습니다.

학교 앞을 다니다 보면 어린이 보호 구역 ㉤**표지판**을 볼 수 있습니다. 어린이 보호 구역은 교통사고의 위험으로부터 어린이를 보호하기 위하여 유치원이나 초등학교 주변에 마련한 것입니다. 어린이 보호 구역에서는 운전자가 차를 세워 둘 수 없고, 정해진 속도를 어기지 않고 천천히 달려야 합니다. 그리고 횡단보도 앞에서는 일단 멈춘 후에 출발해야 합니다.

✦ **예방:** 병이나 사고 등이 생기지 않도록 미리 막음.

## 7 다음 중 안전한 행동을 찾아 ○표 하세요.

| 스마트폰을 보면서 길을 걸었어요. | 횡단보도를 빠르게 뛰어서 건넜어요. | 인도를 다닐 때에는 안쪽으로 다녔어요. |
|---|---|---|
| (     ) | (     ) | (     ) |

## 8 ㉠~㉤의 뜻으로 알맞지 않은 것은 무엇인가요? (          )

① ㉠ 안전: 위험이 생기거나 사고가 날 염려가 없는 상태.
② ㉡ 좌우: 위와 아래.
③ ㉢ 살피다: 이것저것 조심하여 자세히 보다.
④ ㉣ 인도: 차가 다니는 큰길에서 사람이 걸어 다니게 따로 갈라놓은 길.
⑤ ㉤ 표지판: 어떠한 사실을 알리기 위하여 일정한 표시를 해 놓은 판.

# 안전과 관련된 말 ②

다음 열쇠 모양과 열쇠 구멍을 보고, 빈칸에 들어갈 알맞은 낱말을 쓰세요.

**화재**

집이나 물건이 불에 타는 재난.

비슷한말 불

**대피하다**

위험을 피해 잠깐 안전한 곳으로 가다.

비슷한말 피신하다

**신고하다**

어떤 사실을 기관에 알리다.

비슷한말 알리다

**진화하다**

불이 난 것을 끄다.

비슷한말 끄다

화재가 일어나면 침착하게 행동해야 해요.
오늘은 화재와 관련된 낱말에 대해 열심히 공부해 봐요.

## 1 다음 낱말의 알맞은 뜻을 보기에서 찾아 기호를 쓰세요.

어휘 확인

보기

㉠ 불이 난 것을 끄다.
㉡ 어떤 사실을 기관에 알리다.
㉢ 집이나 물건이 불에 타는 재난.
㉣ 위험을 피해 잠깐 안전한 곳으로 가다.

(1) 화재 ········· (　　　　　　　　　)　　(2) 대피하다 ··· (　　　　　　　　　)

(3) 신고하다 ··· (　　　　　　　　　)　　(4) 진화하다 ··· (　　　　　　　　　)

## 2 다음 문장에 어울리는 낱말을 찾아 ○표 하세요.

어휘 적용

(1)

겨울철에 ( 진화, 화재 )가 발생하지 않도록 주의해야 한다.

(2)

땅이 흔들리는 지진이 발생하자 사람들은 안전한 곳으로 ( 대피, 신고 )했다.

## 3 다음 밑줄 친 사람의 행동에 어울리는 낱말을 찾아 ○표 하세요.

어휘 적용

(1)

<u>미래</u>는 소방서에 불이 난 것을 알렸어요.
→( 신고하다, 신청하다 )

(2)

<u>소방관 아저씨</u>는 소방 호스로 불을 껐어요.
→( 대피하다, 진화하다 )

**4** 어휘 적용 **다음 중 빈칸에 '화재'가 들어갈 알맞은 문장을 찾아 기호를 쓰세요.**

㉠ (            )가 발생해서 많은 것들이 타 버렸어요.
㉡ 비가 많이 와서 (            )가 나 집이 물에 잠겼어요.
㉢ 장마철 (            )로 인해 강물이 넘쳐서 많은 사람들이 대피했어요.

(            )

**5** 어휘 확장 **다음 중 서로 뜻이 비슷한 낱말끼리 선으로 이으세요.**

짝꿍어휘

**6** **다음 보기의 낱말 뜻을 참고하여 밑줄 친 낱말과 짝을 이루는 낱말을 찾아 각각 ○표 하세요.**

보기
- 신속하다: 매우 날쌔고 빠르다.
- 발생하다: 어떤 일이나 사물이 생겨나다.

화재가 ( 발생하면, 신속하면 ), 안전한 곳으로 ( 발생하게, 신속하게 ) 대피해야 합니다.

오늘의 나의 실력은?

최고야

좋았어

힘내자

○ 다음 글을 읽고, 물음에 답하세요.

**화재가 발생했을 때 이렇게 행동해요!**

- 화재가 발생하면 비상벨을 누르거나 "불이야!"라고 큰 소리로 외쳐 다른 사람에게 알려요.
- 코와 입을 젖은 수건으로 막고 최대한 낮은 자세로 신속하게 **대피해요**. 이때 엘리베이터는 절대 이용하지 않고 계단을 통해 아래층으로 내려가요.
- 안전한 곳으로 대피한 후 119를 누르고 **신고해요**.
- 대피한 후에는 화재 장소에 다시 들어가지 않아요.
- 처음 일어난 작은 불은 소화기를 이용해 ( ㉠ ).
- 평소 소방 훈련에 적극 참여해요.

여러분의 생명을 지키는 일,
불나면 대피 먼저! 꼭 기억하세요.

**7** 화재가 발생했을 때의 행동으로 알맞지 않은 것은 무엇인가요? (　　　)

① "불이야!"라고 큰 소리로 외쳐요.
② 안전하게 대피한 후 119에 알려요.
③ 엘리베이터를 이용해 밖으로 나와요.
④ 피신한 후에는 불이 난 장소에 들어가지 않아요.
⑤ 대피할 때는 코와 입을 젖은 수건으로 막고 자세를 낮게 해요.

**8** ㉠에 들어갈 알맞은 낱말을 찾아 ○표 하세요.

알려요　　발생해요　　진화해요　　피신해요

공부한 날
___월 ___일

# 안전과 관련된 말 ③

다음 상황에 어울리는 낱말을 사다리를 타고 내려가 확인하세요.

복도에서 뛰다가 친구와 머리를 쿵 박을 수 있어요.

가위나 칼 같은 물건은 뾰족해서 베일 수 있어요.

교실에서 물건을 아무 데나 두면 친구가 걸려서 다칠 수 있어요.

모퉁이를 돌 때는 반대편에서 오는 사람을 볼 수 없어서 주의를 기울여야 해요.

**넘어지다**

사람이나 물체가 한쪽으로 기울어지며 쓰러지다.

**조심하다**

잘못이나 실수가 없도록 말이나 행동에 마음을 쓰다.

**부딪치다**

매우 세게 마주 닿다.

**날카롭다**

끝이 뾰족하거나 날이 서 있다.

반대말 무디다

안전한 학교생활을 위해 어떻게 해야 할까요?
오늘은 학교안전에 대한 여러 가지 낱말을 열심히 공부해 봐요.

## 1 다음 낱말의 뜻으로 알맞으면 🍎에 ○표, 알맞지 않으면 🍏에 ○표 하세요.

어휘 확인

(1) 날카롭다 　끝이 뭉툭하다. → 🍎, 🍏

(2) 부딪치다 　매우 세게 마주 닿다. → 🍎, 🍏

## 2 다음 낱말의 뜻으로 알맞은 것을 찾아 ○표 하세요.

어휘 확인

넘어지다
- (1) 일을 잘못하여 뜻한 대로 되지 않거나 망치다. (　　)
- (2) 사람이나 물체가 한쪽으로 기울어지며 쓰러지다. (　　)

조심하다
- (1) 조심하지 않아 잘못하다. (　　)
- (2) 잘못이나 실수가 없도록 말이나 행동에 마음을 쓰다. (　　)

## 3 다음 문장에 어울리는 낱말을 보기에서 찾아 빈칸에 쓰세요.

어휘 적용

보기

날카롭다, 넘어지다

(1) 고양이의 발톱이 무척 (　　　　).

(2) 길을 가다 돌부리에 걸려 (　　　　).

## 4 다음 중 밑줄 친 낱말을 알맞게 사용하여 말한 친구의 말풍선에 모두 색칠하세요.

어휘 적용

손바닥을 부딪치며 노래를 했어.

정글짐에서 떨어지지 않도록 넘어지며 놀았어.

급식실에서 뜨거운 국을 받을 때는 데지 않도록 조심해야 해.

## 5 다음 문장과 뜻이 반대인 문장을 찾아 ○표 하세요.

어휘 확장

날카로운 칼로 무를 썰어요.

(1) 무딘 칼로 무를 썰어요. (　　)

(2) 뾰족한 칼로 무를 썰어요. (　　)

짝꿍어휘

## 6 다음 낱말과 짝을 이루는 낱말을 찾아 선으로 이으세요.

(1) 철퍼덕 •
↳ 힘없이 넘어지거나 주저앉는 소리나 모양.

(2) 뾰족뾰족 •
↳ 여럿이 다 끝이 점차 가늘어져서 날카로운 모양.

• ㉮ 날카롭다

• ㉯ 넘어지다

오늘의 나의 실력은?

최고야

좋았어

힘내자

**○ 다음 글을 읽고, 물음에 답하세요.**

안전한 학교생활을 위해서 지켜야 할 것들은 무엇이 있을까요?

먼저 복도에서 조심해야 할 점입니다. 복도에서 뛰면 친구와 **부딪쳐서** 다칠 수 있으므로 천천히 걸어 다닙니다. 또, 복도에서 모퉁이를 돌 때는 마주 오는 사람을 볼 수 없으므로 항상 **조심합니다**.

다음으로 교실에서 조심해야 할 점입니다. 친구가 걸려서 **넘어질** 수 있는 가방과 같은 물건을 바닥에 두지 않도록 합니다. 또, 창틀이나 책상과 같이 떨어질 위험이 있는 높은 곳에 올라가서 장난을 치지 않습니다. 마지막으로, 가위나 칼처럼 ( ㉠ ) 물건은 손이 베일 수 있으므로 조심해서 사용합니다.

학교는 많은 친구들이 함께 생활하는 곳이므로 안전 규칙을 잘 지켜야 합니다.

**7** **학교에서 지켜야 할 규칙으로 알맞지 않은 것은 무엇인가요? (　　　　)**

① 복도에서 뛰지 않습니다.
② 모퉁이를 돌 때 조심합니다.
③ 가방과 같은 물건은 교실 바닥에 둡니다.
④ 책상과 같이 높은 곳에 올라가서 장난치지 않습니다.
⑤ 가위나 칼을 사용할 때는 손이 베이지 않게 조심합니다.

**8** **다음 중 ㉠에 들어갈 낱말을 빈칸에 넣었을 때 자연스러운 문장을 찾아 기호를 쓰세요.**

가. (　　　　) 솜사탕을 맛있게 먹었어요.
나. 사자가 (　　　　) 송곳니로 고기를 뜯었어요.
다. (　　　　) 가위로는 종이가 잘 잘리지 않아요.

(　　　　　　)

# 안전과 관련된 말 ④

다음 퍼즐 모양을 보고, 빈칸에 들어갈 알맞은 낱말을 쓰세요.

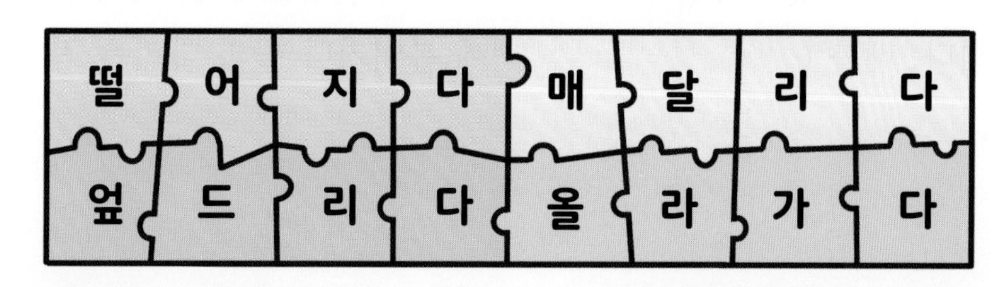


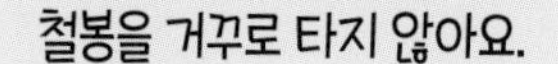


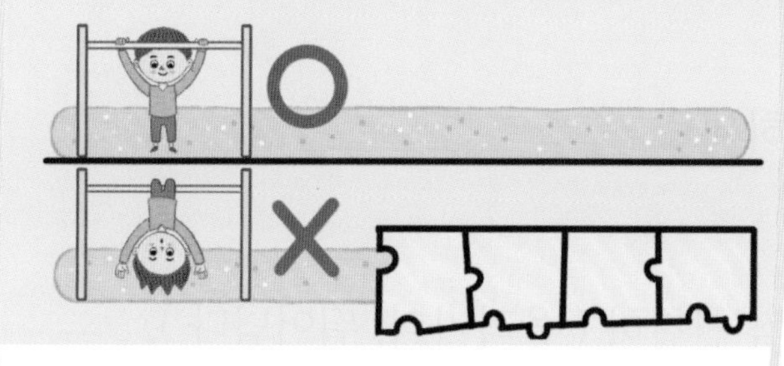

어떤 것을 붙잡고 늘어지다.

배를 바닥에 붙이거나 팔과 다리를 짚고 몸을 길게 뻗다.

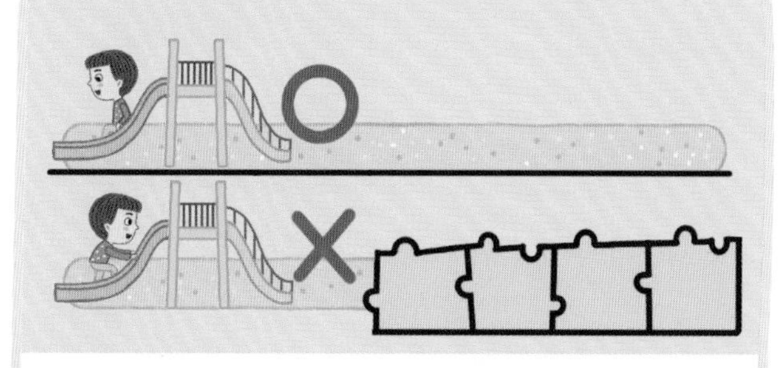


낮은 곳에서 높은 곳으로 또는 아래에서 위로 가다.

반대말 내려가다

위에서 아래로 내려지다.

운동장이나 놀이터에 있는 놀이 기구는 안전하게 이용해야 해요.
오늘은 놀이터 안전과 관련된 여러 가지 낱말을 열심히 공부해 봐요.

## 1 다음 낱말의 뜻에 맞게 빈칸에 들어갈 알맞은 낱말을 보기에서 찾아 쓰세요.

어휘 확인

보기

높은, 바닥, 아래, 붙잡고

(1) 떨어지다: 위에서 (　　　　　　　　)로 내려지다.

(2) 매달리다: 어떤 것을 (　　　　　　　　) 늘어지다.

(3) 올라가다: 낮은 곳에서 (　　　　　　　　) 곳으로 또는 아래에서 위로 가다.

(4) 엎드리다: 배를 (　　　　　　　　)에 붙이거나 팔과 다리를 짚고 몸을 길게 뻗다.

## 2 다음 문장에 어울리는 낱말을 찾아 ○표 하세요.

어휘 적용

(1)  계단을 한 칸씩 천천히 ( 올라가다, 뛰어넘다 ).

(2)  그네에서 ( 떨어지지, 엎드리지 ) 않도록 손잡이를 꼭 잡다.

## 3 다음 중 밑줄 친 낱말을 알맞게 사용하여 말한 친구의 말풍선에 모두 색칠하세요.

어휘 적용

경치를 보려고 높은 곳으로 <u>떨어졌어</u>.

바닥에 <u>엎드려서</u> 책을 읽으면 건강에 좋지 않아.

놀이 기구에 <u>매달려서</u> 장난치면 다칠 수 있어.

## 4 다음 중 빈칸에 '떨어지다'가 들어갈 알맞은 문장을 찾아 기호를 쓰세요.

어휘 적용

㉠ 달이 구름에 가려 (　　　　).
㉡ 별을 보기 위해 옥상으로 (　　　　).
㉢ 굵은 빗방울이 한두 방울씩 (　　　　).

(　　　　　　　　)

## 5 다음 글에서 밑줄 친 낱말과 뜻이 반대인 낱말을 찾아 쓰세요.

어휘 확장

토요일 아침, 소율이는 가족과 함께 산에 <u>올라갔어요</u>. 산을 오르면서 맑은 공기를 마시고 멋진 경치도 보았어요. 산 정상에서 가족들과 함께 사진을 찍었어요. 그리고 집에서 싸온 김밥을 맛있게 먹은 후 산을 내려갔어요.

(　　　　　　　　)

짝꿍어휘

## 6 다음 보기의 낱말 뜻을 참고하여 밑줄 친 낱말과 짝을 이루는 낱말을 찾아 각각 ○표 하세요.

보기

- 대롱대롱: 작은 물건이 매달려 가볍게 자꾸 흔들리는 모양.
- 쿵: 크고 무거운 물건이 바닥이나 물체 위에 떨어지거나 부딪쳐 나는 소리.

소년은 감나무에 ( 쿵, 대롱대롱 ) <u>매달린</u> 감을 따겠다고 의자 위에 올라가 팔을 휘젓고 있었습니다. 그러다가 소년은 발을 헛디뎌 그만 의자에서 ( 쿵, 대롱대롱 ) 하고 <u>떨어졌습니다</u>.

오늘의 나의 실력은?

최고야

좋았어

힘내자

8주 4일 정답확인

○ 다음 안내문을 읽고, 물음에 답하세요.

**놀이 기구 안전 수칙**

| | |
|---|---|
| 미끄럼틀 | • 거꾸로 **올라가면서** 타거나 손에 장난감 등을 들고 타지 않습니다.<br>• 올라갈 때는 반드시 계단을 이용하고 한 계단씩 올라갑니다. |
| 철봉 | • 거꾸로 **매달리지** 않습니다.<br>• 매달려 있는 친구에게 장난치지 않습니다. |
| 정글짐 | • 오를 때는 두 손으로 손잡이를 꼭 잡고, 내릴 때는 뛰어내리지 않습니다.<br>• 꼭대기에 서 있거나 눕는 위험한 행동은 하지 않습니다. |
| 그네 | • **엎드려** 타거나 서서 타지 않고 바르게 앉아서 손잡이를 꼭 잡고 탑니다. |
| 시소 | • 갑자기 내리면 반대쪽 사람이 **떨어질** 수 있으므로 상대방에게 미리 알립니다.<br>• 내릴 때 시소 밑에 발이 끼지 않도록 조심합니다. |

**7** 다음 중 놀이 기구를 안전하게 이용한 친구를 찾아 ○표 하세요.

| 정글짐에 올라갔다가 뛰어내린 지우 | 장난감을 들고 미끄럼틀을 탄 지안 | 바르게 앉아 손잡이를 잡고 그네를 탄 민호 |
|---|---|---|
| (　　) | (　　) | (　　) |

**8** 다음 빈칸에 들어갈 알맞은 낱말을 찾아 선으로 이으세요.

(1) 철봉에 대롱대롱 (　　　　). •　　　　• ㉮ 내려가다

(2) 미끄럼틀을 타고 (　　　　). •　　　　• ㉯ 매달리다

8주 5일 복습

# 안전과 관련된 말

다음 뜻풀이를 보고, 십자말풀이를 완성하세요.

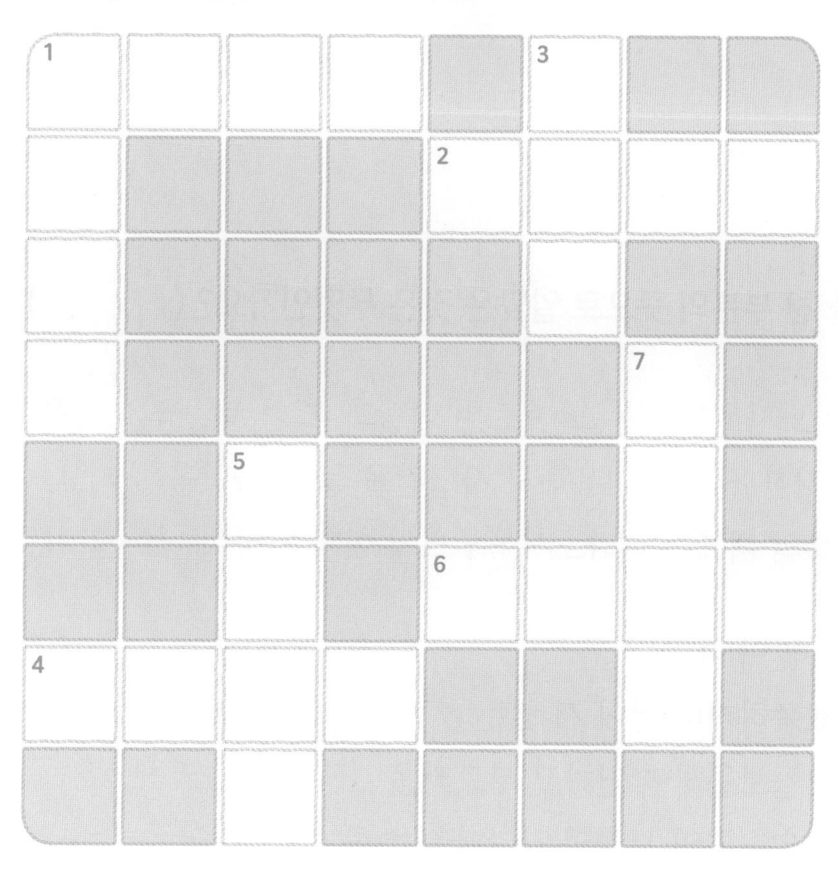

**가로**

1 어떤 사실을 기관에 알리다.
2 위험을 피해 잠깐 안전한 곳으로 가다.
4 어떤 일이나 사물이 생겨나다.
6 사람이나 물체가 한쪽으로 기울어지며 쓰러지다.

**세로**

1 매우 날쌔고 빠르다.
3 이것저것 조심하여 자세히 보다.
5 잘못이나 실수가 없도록 말이나 행동에 마음을 쓰다.
7 위에서 아래로 내려지다.

**1** **다음 밑줄 친 부분이 뜻하는 낱말을 빈칸에 쓰세요.**

화재가 나면 119로 전화를 걸어 소방서에 알려야 해요. 그리고 침착하게 화재가 일어난 곳의 주소와 화재가 난 상황을 간단하게 설명해요.

□□□□

**2** **다음 밑줄 친 부분의 뜻으로 알맞은 것은 무엇인가요? (　　　)**

'티라노사우루스'는 날카로운 이빨과 강한 턱, 굵은 목을 가지고 있었어요. 이러한 신체를 이용해서 사냥감을 물어 사냥을 했지요. 지금도 많은 초식 공룡의 뼈에는 티라노사우루스의 이빨 자국이 남아 있어요.

① 무게가 많이 나가는
② 끝이 뾰족하거나 날이 서 있는
③ 매우 보들보들하여 연하고 부드러운
④ 동그라미나 공의 모양과 같거나 비슷한
⑤ 저절로 밀려 나갈 정도로 거친 데가 없이 부드러운

**3** **다음 빈칸에 들어갈 알맞은 낱말은 무엇인가요? (　　　)**

'낮말은 새가 듣고 밤말은 쥐가 듣는다'라는 속담을 들어 본 적 있나요? 이 속담은 아무리 비밀로 한 말이라도 결국 남의 귀에 들어가게 된다는 뜻으로, 말을 할 때 항상 (　　　)해야 한다는 말이에요.

① 걱정　② 관심　③ 안심
④ 의심　⑤ 조심

## 4 다음 글의 ㉠~㉢ 중 낱말이 알맞게 쓰이지 않은 것을 골라 기호를 쓰세요.

자전거는 '차'에 해당하기 때문에 사람이 다니는 길이 아닌 ㉠ 인도를 이용해서 다녀야 합니다. 자전거를 안전하게 이용하기 위해 '자전거 전용 도로, 자전거 통행금지' 등과 같은 ㉡ 표지판을 잘 알아야 합니다. 또한, 자전거를 타는 중에 휴대 전화를 받는 ㉢ 위험한 행동을 해서는 안 됩니다.

(　　　　　　)

## 5 다음 글의 제목으로 알맞은 것은 무엇인가요? (　　　)

놀이터에서 가장 많이 일어나는 사고가 놀이 기구에서 떨어지는 사고라고 해요. 놀이 기구를 탈 때는 안전하게 바른 자세로 이용해야 해요. 규칙을 잘 지켜서 안전한 놀이터를 만들어요.

① 운동을 열심히 하자
② 식사 예절을 지키자
③ 교통안전 교육을 잘 받자
④ 놀이터를 안전하게 이용하자
⑤ 놀이터에서 여러 가지 놀이 기구를 타자

## 6 다음 글의 빈칸에 들어갈 말을 차례대로 짝지은 것은 무엇인가요? (　　　)

법은 우리가 안전하고 편안하게 살 수 있도록 사람들이 꼭 지켜야 하는 약속이에요. 법을 지키지 않으면 여러 가지 문제가 (　　　)해요. 법을 어기는 모습을 보면 경찰서에 (　　　)해야 해요.

① 발견, 신고　② 발달, 대피　③ 발생, 신고
④ 발생, 위험　⑤ 발전, 위험

# 한 걸음 더!

오늘의 나의 실력은?

최고야

좋았어

힘내자

○ 다음 빈칸에 들어갈 알맞은 말을 보기에서 찾아 써서 속담을 완성하세요.

보기

감, 길, 죽, 돌다리

□□□ 도 두들겨 보고 건너라

잘 아는 일이라도 꼼꼼하게 다시 한 번 확인해서 실수가 없도록 하라는 말.

돌다리도 두들겨 보고 건너랬으니 실수하지 않도록 확인해야지.

아는 □ 도 물어 가랬다

잘 아는 길도 다시 한 번 물어서 갈 정도로 세심하게 주의를 하라는 말.

아는 길도 물어 가랬으니, 우체국에 가는 길이 맞는지 다시 확인해야지.

식은 □ 도 불어 가며 먹어라

아무리 쉬운 일이라도 한 번 더 확인한 다음에 하는 것이 안전함을 이르는 말.

식은 죽도 불어 가며 먹으랬으니, 안전하게 다시 한 번 확인해야지.

무른 □ 도 쉬어 가면서 먹어라

쉬운 일도 다시 확인하며 하는 것이 좋다는 말.

무른 감도 쉬어 가면서 먹으랬으니, 간단한 일도 다시 확인하면서 해야지.

# 바른답과 학부모 가이드

## 1단계 (1~2학년)

하루 한장 어휘의 효율적인 학습을 위한 특별 제공

1

"바른답과 학부모 가이드"의 앞표지를 넘기면 '학습 계획표'가 있어요. 아이와 함께 학습 계획을 세워 보세요.

2

"바른답과 학부모 가이드"의 뒤표지를 앞으로 넘기면 '붙임 학습판'이 있어요. 붙임딱지를 붙여 붙임 학습판의 그림을 완성해 보세요.

3

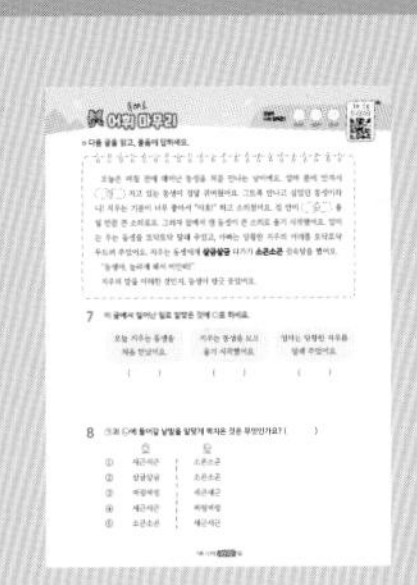

그날의 학습이 끝나면 '정답 확인' QR 코드를 찍어 학습 인증을 하고 하루템을 모아 보세요.

# 어휘 1단계 주제 학습 계획표

| 주차 | 일 | 주제 | 학습 어휘 | 학습한 날 | 부모님 확인 |
|---|---|---|---|---|---|
| 1주 | 1일 | 흉내 내는 말 | 살금살금, 새근새근, 소곤소곤, 쩌렁쩌렁 | 월 일 | |
| | 2일 | | 끄덕끄덕, 방긋방긋, 송골송골, 티격태격 | 월 일 | |
| | 3일 | | 도란도란, 둥실둥실, 살랑살랑, 파릇파릇 | 월 일 | |
| | 4일 | | 노릇노릇, 반짝반짝, 왁자지껄, 철썩철썩 | 월 일 | |
| | 5일 | | 1주 복습 | 월 일 | |
| 2주 | 1일 | 마음을 나타내는 말 | 긴장하다, 든든하다, 부끄럽다, 뿌듯하다 | 월 일 | |
| | 2일 | | 감사하다, 속상하다, 편안하다, 흐뭇하다 | 월 일 | |
| | 3일 | | 반갑다, 설레다, 아쉽다, 즐겁다 | 월 일 | |
| | 4일 | | 놀라다, 무섭다, 궁금하다, 짜릿하다 | 월 일 | |
| | 5일 | | 2주 복습 | 월 일 | |
| 3주 | 1일 | 차례를 나타내는 말 | 다음, 먼저, 순서, 마지막 | 월 일 | |
| | 2일 | | 기준, 번째, 부터, 질서 | 월 일 | |
| | 3일 | | 동안, 사흘, 훗날, 이튿날 | 월 일 | |
| | 4일 | | 아까, 지금, 이따가, 흐르다 | 월 일 | |
| | 5일 | | 3주 복습 | 월 일 | |
| 4주 | 1일 | 수를 세는 말 | 많다, 서너, 세다, 홀수 | 월 일 | |
| | 2일 | | 나이, 들다, 서른, 여든 | 월 일 | |
| | 3일 | | 대, 벌, 자루, 켤레 | 월 일 | |
| | 4일 | | 명, 톨, 그루, 마리 | 월 일 | |
| | 5일 | | 4주 복습 | 월 일 | |
| 5주 | 1일 | 계절과 관련된 말 | 녹다, 트다, 활짝, 따뜻하다 | 월 일 | |
| | 2일 | | 덥다, 피서, 습하다, 주룩주룩 | 월 일 | |
| | 3일 | | 물들다, 서늘하다, 풍성하다, 하늘대다 | 월 일 | |
| | 4일 | | 내리다, 차갑다, 건조하다, 오들오들 | 월 일 | |
| | 5일 | | 5주 복습 | 월 일 | |
| 6주 | 1일 | 나와 가족과 관련된 말 | 꿈, 성격, 성별, 취미 | 월 일 | |
| | 2일 | | 뼈, 소화, 신체, 치아 | 월 일 | |
| | 3일 | | 남매, 식구, 반려동물, 화목하다 | 월 일 | |
| | 4일 | | 외가, 친척, 가깝다, 조부모 | 월 일 | |
| | 5일 | | 6주 복습 | 월 일 | |
| 7주 | 1일 | 주변 장소와 관련된 말 | 사다, 시장, 진열, 거스름돈 | 월 일 | |
| | 2일 | | 배부르다, 식사하다, 조리하다, 주문하다 | 월 일 | |
| | 3일 | | 환자, 입원하다, 치료하다, 회복하다 | 월 일 | |
| | 4일 | | 대출, 독서, 반납, 서가 | 월 일 | |
| | 5일 | | 7주 복습 | 월 일 | |
| 8주 | 1일 | 안전과 관련된 말 | 안전, 인도, 좌우, 표지판 | 월 일 | |
| | 2일 | | 화재, 대피하다, 신고하다, 진화하다 | 월 일 | |
| | 3일 | | 날카롭다, 넘어지다, 부딪치다, 조심하다 | 월 일 | |
| | 4일 | | 떨어지다, 매달리다, 엎드리다, 올라가다 | 월 일 | |
| | 5일 | | 8주 복습 | 월 일 | |

# 바른답과 학부모 가이드

## 1단계 (1~2학년)

※ 예쁜 붙임딱지를 붙이면서 하루 한장과 함께 즐겁게 공부해 보세요!

# 1주 흉내 내는 말

## 1주 1일차

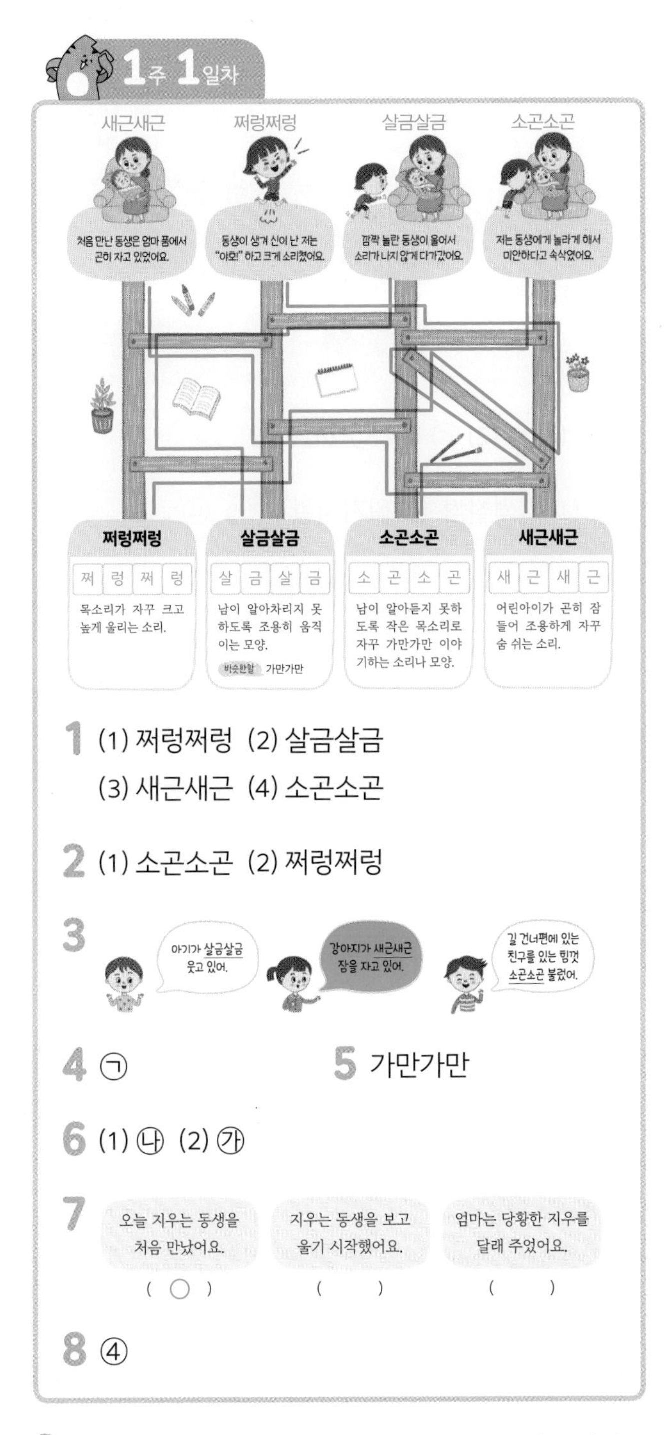


1 (1) 쩌렁쩌렁 (2) 살금살금 (3) 새근새근 (4) 소곤소곤

2 (1) 소곤소곤 (2) 쩌렁쩌렁

3

4 ㉠

5 가만가만

6 (1) ㉯ (2) ㉮

7

8 ④

**3** '살금살금'은 '남이 알아차리지 못하도록 조용히 움직이는 모양.'으로, 아기가 웃는 모습과는 어울리지 않습니다. 또, 길 건너편에 있는 친구를 힘껏 불렀다고 하였으므로 남이 알아듣지 못하도록 작은 목소리로 이야기하는 소리인 '소곤소곤'은 어울리지 않습니다.

**7** 울기 시작한 사람은 동생이고, 엄마는 우는 동생을 토닥토닥 달래 주었습니다.

## 1주 2일차

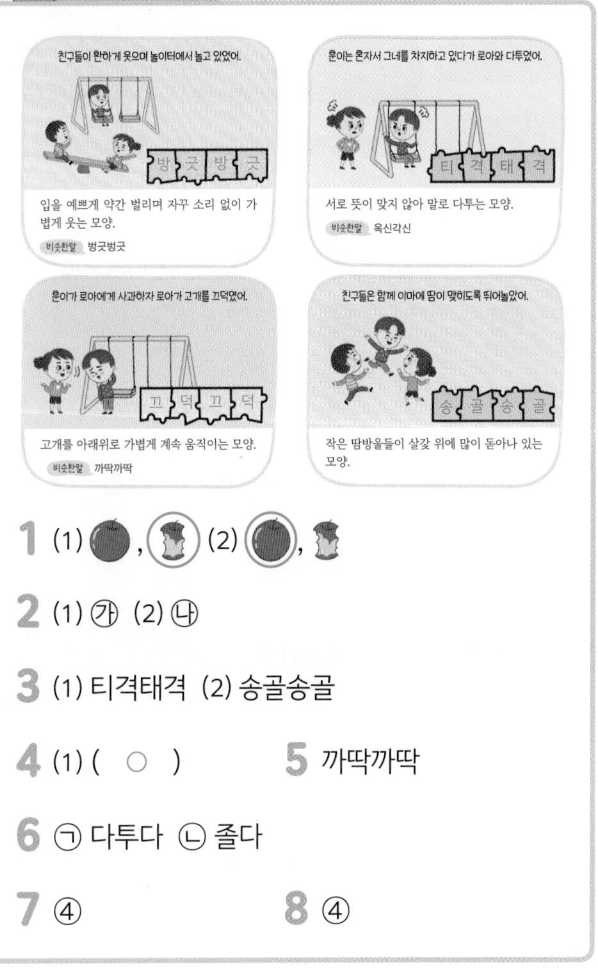


1 (1) (2)

2 (1) ㉮ (2) ㉯

3 (1) 티격태격 (2) 송골송골

4 (1) ( ○ )

5 까딱까딱

6 ㉠ 다투다 ㉡ 졸다

7 ④

8 ④

**3** (1) 누나와 형이 자기가 옳다고 싸우는 상황이므로 '서로 뜻이 맞지 않아 말로 다투는 모양.'을 뜻하는 '티격태격'이 알맞습니다. (2) 뜨거운 음식을 먹어 땀이 나는 상황이므로 '작은 땀방울들이 살갗 위에 많이 돋아나 있는 모양.'을 뜻하는 '송골송골'이 알맞습니다.

**4** '티격태격'은 '서로 옳으니 그르니 하며 다툼.'을 의미하는 '옥신각신'과 뜻이 비슷합니다.

**6** '티격태격'은 다투는 모양을 흉내 내는 말이므로 '다투다'와 짝을 지어 쓸 수 있고, '끄덕끄덕'은 고개를 아래위로 움직이는 모양을 흉내 내는 말이므로 '졸다'와 짝을 지어 쓸 수 있습니다.

**7** ① 훈이는 그네에서 일어서며 로아에게 사과하였고, ② 세 친구가 함께 그네를 타기로 했다는 내용은 나타나지 않았으며, ③ 오랫동안 그네를 차지한 것은 훈이입니다. ⑤ '나'는 로아와 훈이가 싸울 때 해결책을 제시했습니다.

**8** ㉠은 두 친구가 다투는 모습이므로 '티격태격'이, ㉡은 로아가 고개를 아래위로 흔드는 모습이므로 '끄덕끄덕'이 알맞습니다.

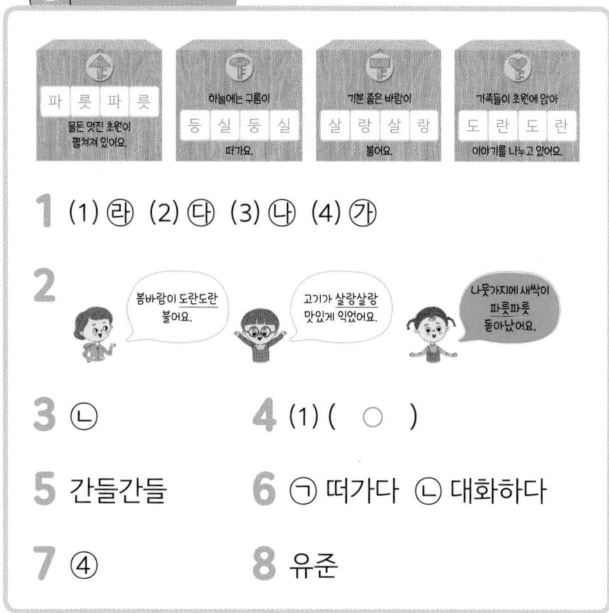


1 (1) ㉱ (2) ㉰ (3) ㉯ (4) ㉮

2

3 ㉡

4 (1) ( ○ )

5 간들간들

6 ㉠ 떠가다 ㉡ 대화하다

7 ④

8 유준

**2** '도란도란'은 정답게 이야기하는 소리이므로 봄바람이 부는 모습과는 어울리지 않으며, '살랑살랑'은 가볍게 바람이 부는 모양이므로 고기가 익는 모습과는 어울리지 않습니다.

**3** '둥실둥실'은 '물체가 공중이나 물 위에 가볍게 떠서 계속 움직이는 모양.'이라는 뜻으로, 풍선이 하늘로 날아갈 때 사용할 수 있습니다.

**4** '도란도란'은 '여러 사람이 낮은 목소리로 서로 조용히 이야기하는 소리나 모양.'을 뜻하는 '두런두런'과 뜻이 비슷합니다.

**5** '살랑살랑'은 '바람이 가볍고 부드럽게 살랑살랑 부는 모양.'이라는 뜻의 '간들간들'과 뜻이 비슷합니다.

**6** '둥실둥실'은 '물체가 공중이나 물 위에 가볍게 떠서 계속 움직이는 모양.'이므로 '떠가다'와 짝을 지어 쓸 수 있고, '도란도란'은 '여럿이 작고 낮은 목소리로 정답게 이야기하는 소리나 모양.'이므로 '대화하다'와 짝을 지어 쓸 수 있습니다.

**7** 오늘은 날씨가 따뜻하고 하늘이 맑아 많은 사람들이 나들이를 즐겼다고 하였으며, 사람들은 친구 또는 가족과 함께 돗자리를 펴고 앉아 도란도란 대화를 나누었다고 하였습니다.

**8** 초원에 풀이 돋아나는 상황을 표현하고 있으므로 '여러 군데가 약간 파란 모양.'을 의미하는 '파릇파릇'이 알맞습니다.

1 (1) ㉠ (2) ㉢ (3) ㉡ (4) ㉣

2 (1) 철썩철썩 (2) 왁자지껄

3 ㉡

4

5 (2) ( ○ )

6 (1) ㉮ (2) ㉯

7

| 우리 마을에는 해마다 많은 사람들이 놀러 와요. | 우리 마을에서는 끝없이 펼쳐진 초원을 볼 수 있어요. | 바닷가 근처에는 나물을 파는 식당이 줄지어 있어요. |
| --- | --- | --- |
| ( ○ ) | (   ) | (   ) |

8 ㉠ (1) ( ○ ) ㉡ (1) ( ○ )

**3** '노릇노릇'은 '빛깔이 군데군데 조금씩 노란 모양.'이라는 뜻으로, 새우튀김이 군데군데 노랗게 잘 튀겨진 모습을 나타낼 때 사용할 수 있습니다.

**4** 열심히 닦은 구두에서 윤이 나는 상황이나 재미있는 이야기를 듣는 아이들의 눈이 빛나는 상황 모두 '반짝반짝'을 쓸 수 있습니다.

**6** '반짝반짝'은 '작은 빛이 잠깐 잇따라 나타났다가 사라지는 모양.'이므로 '빛나다'와 짝을 지어 쓸 수 있고, '철썩철썩'은 '아주 많은 양의 물 등의 물질이 자꾸 단단한 물체에 마구 부딪치는 소리.'이므로 '파도치다'와 짝을 지어 쓸 수 있습니다.

**7** 우리 마을에서는 끝없이 펼쳐진 바다를 볼 수 있다고 하였으며, 바닷가 근처에는 해산물을 파는 음식점이 줄지어 있다고 하였습니다.

## 1주 5일차

1 노릇노릇 2 ①

3 간들간들 4 ⑤

5 ② 6 살금살금

**5** 옹달샘 물이 햇살을 받아 빛나는 상황이므로 빈칸에 들어갈 낱말은 '작은 빛이 잠깐 잇따라 나타났다가 사라지는 모양.'이라는 뜻의 '반짝반짝'이 알맞습니다.

**6** 고양이가 알아차리지 못하도록 쥐가 조심스럽게 행동하고 있으므로, '남이 알아차리지 못하도록 조용히 움직이는 모양.'을 뜻하는 '살금살금'이 알맞습니다.

▶ 관용 표현이란 원래의 뜻과는 다른 새로운 뜻으로 굳어져 쓰는 표현을 말합니다. 관용 표현을 사용하면 하고 싶은 말을 더욱 효과적으로 표현할 수 있습니다.

# 2주 마음을 나타내는 말

## 2주 1일차

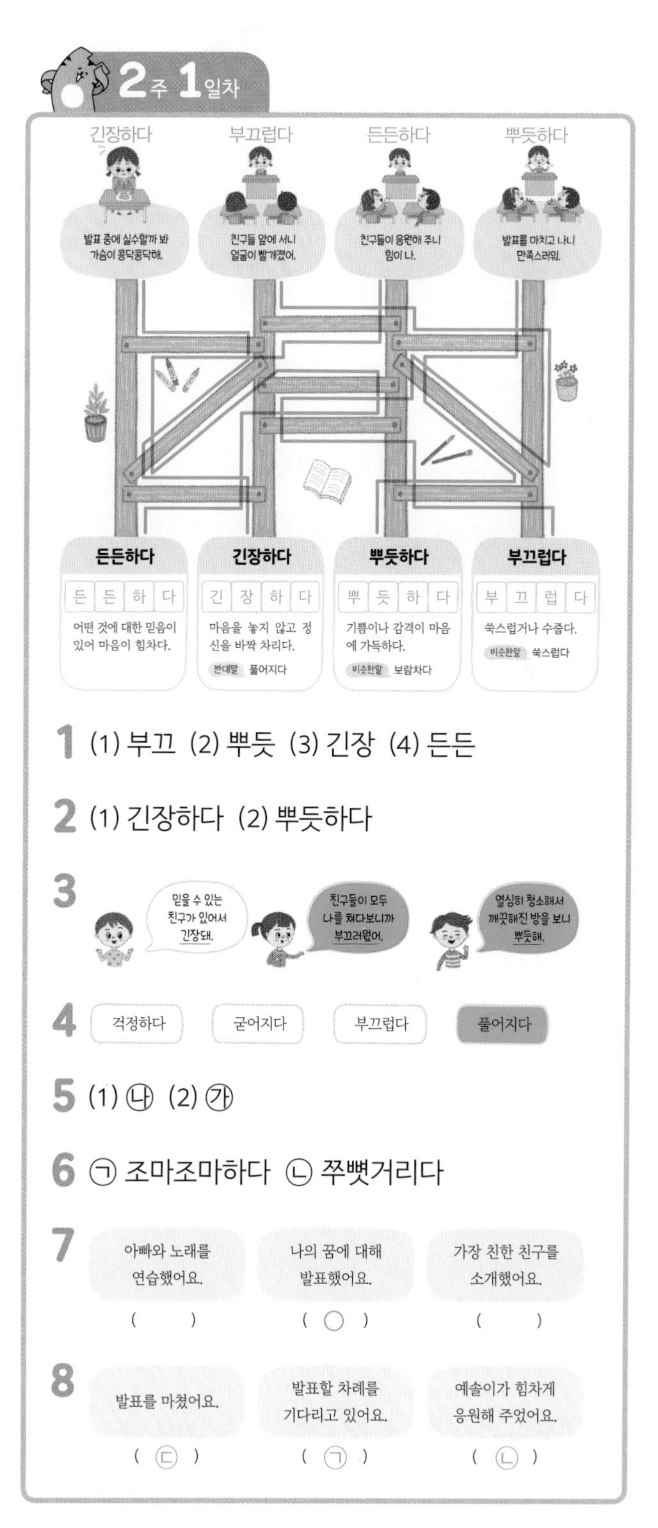


1 (1) 부끄 (2) 뿌듯 (3) 긴장 (4) 든든

2 (1) 긴장하다 (2) 뿌듯하다

3 믿을 수 있는 친구가 있어서 긴장돼. / 친구들이 모두 나를 쳐다보니까 부끄러웠어. / 열심히 청소해서 깨끗해진 방을 보니 뿌듯해.

4 걱정하다 / 굳어지다 / 부끄럽다 / **풀어지다**

5 (1) ㉯ (2) ㉮

6 ㉠ 조마조마하다 ㉡ 쭈뼛거리다

7 아빠와 노래를 연습했어요. ( ) / 나의 꿈에 대해 발표했어요. ( ○ ) / 가장 친한 친구를 소개했어요. ( )

8 발표를 마쳤어요. ( ㉢ ) / 발표할 차례를 기다리고 있어요. ( ㉠ ) / 예솔이가 힘차게 응원해 주었어요. ( ㉡ )

**2** (1) 약속 시간에 늦을까 봐 마음을 놓지 못하고 달려가고 있으므로 '긴장하다'가 알맞으며, (2) 열심히 공부한 결과 시험에서 100점을 받아 기뻐하고 있으므로 '뿌듯하다'가 알맞습니다.

**7** 오늘 학교에서 나의 꿈에 대해 발표했다고 하였습니다.

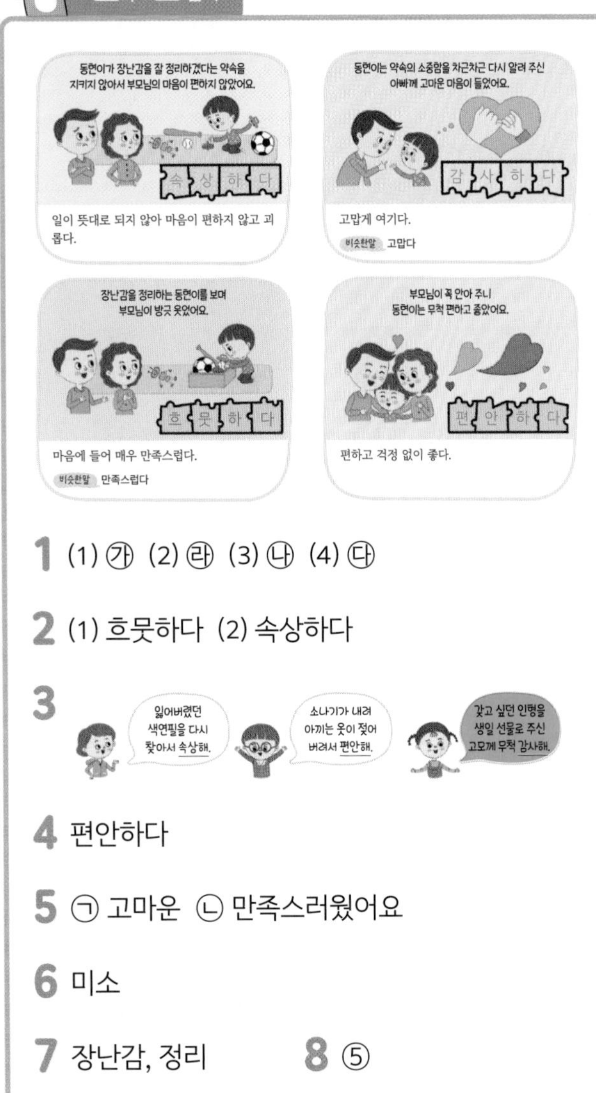


1 (1) ㉮ (2) ㉱ (3) ㉯ (4) ㉰

2 (1) 흐뭇하다 (2) 속상하다

3


4 편안하다

5 ㉠ 고마운 ㉡ 만족스러웠어요

6 미소

7 장난감, 정리 8 ⑤

**2** (1) 열심히 노력하여 그린 그림이 멋지게 완성되어 만족스러운 상황이므로 '흐뭇하다'가 알맞습니다. (2) 키우는 고양이가 다쳐서 마음이 불편한 상황이므로 '속상하다'가 알맞습니다.

**3** 잃어버렸던 색연필을 다시 찾았을 때는 기쁜 마음이 드는 것이 적절하며, 소나기가 내려 아끼는 옷이 젖어 버렸을 때는 속상한 마음이 드는 것이 적절합니다.

**6** '흐뭇하다'는 '마음에 들어 매우 만족스럽다.'라는 뜻이므로, '미소'와 짝을 지어 쓸 수 있습니다.

**7** 동현이는 부모님과 가지고 논 장난감은 바로 정리하겠다는 약속을 했다고 하였습니다.

**8** ㉠ '속상하다'는 '일이 뜻대로 되지 않아 마음이 편하지 않고 괴롭다.'라는 뜻이므로, ⑤와 같이 열심히 만든 음식을 실수로 쏟아 버렸을 때 '속상하다'를 사용할 수 있습니다.

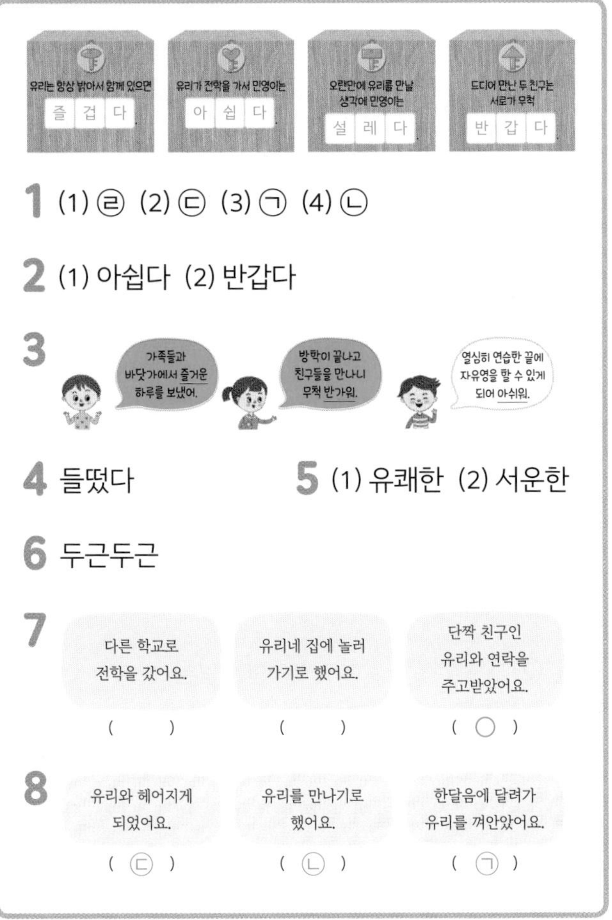


1 (1) ㉣ (2) ㉢ (3) ㉠ (4) ㉡

2 (1) 아쉽다 (2) 반갑다

3


4 들떴다 5 (1) 유쾌한 (2) 서운한

6 두근두근

7

| 다른 학교로 전학을 갔어요. | 유리네 집에 놀러 가기로 했어요. | 단짝 친구인 유리와 연락을 주고받았어요. |
|---|---|---|
| ( ) | ( ) | ( ○ ) |

8

| 유리와 헤어지게 되었어요. | 유리를 만나기로 했어요. | 한달음에 달려가 유리를 껴안았어요. |
|---|---|---|
| ( ㉢ ) | ( ㉡ ) | ( ㉠ ) |

**2** (1) 즐겁게 놀다가 집에 가려니 서운한 모습이므로 '아쉽다'가 알맞으며, (2) 그리워하던 할아버지를 만나 기뻐하고 있으므로 '반갑다'가 알맞습니다.

**3** '아쉽다'는 '미련이 남아 서운하다.'라는 뜻으로, 열심히 연습한 끝에 자유영을 할 수 있게 된 상황에는 어울리지 않습니다.

**4** '설레다'는 '마음이나 분위기가 가라앉지 않고 조금 흥분되다.'라는 의미를 가진 '들뜨다'와 뜻이 비슷합니다.

**6** '설레다'는 '마음이 가라앉지 않고 들떠서 두근거리다.'라는 뜻으로, '두근두근'과 짝을 지어 쓸 수 있습니다.

**7** 민영이는 다른 학교로 전학 간 친구 유리와 연락을 주고받고 있었다고 하였으며, 토요일에 유리가 민영이의 집에 놀러 오기로 했다고 하였습니다.

**8** 유리가 전학을 갔을 때 민영이는 슬프고 아쉬웠다고(㉢) 했으며, 다시 유리를 만나기로 했을 때는 설레어서(㉡) 가슴이 쿵쿵 뛰었다고 했습니다. 유리를 본 민영이는 반가운(㉠) 마음에 한달음에 달려가 유리를 껴안았습니다.

## 2주 4일차

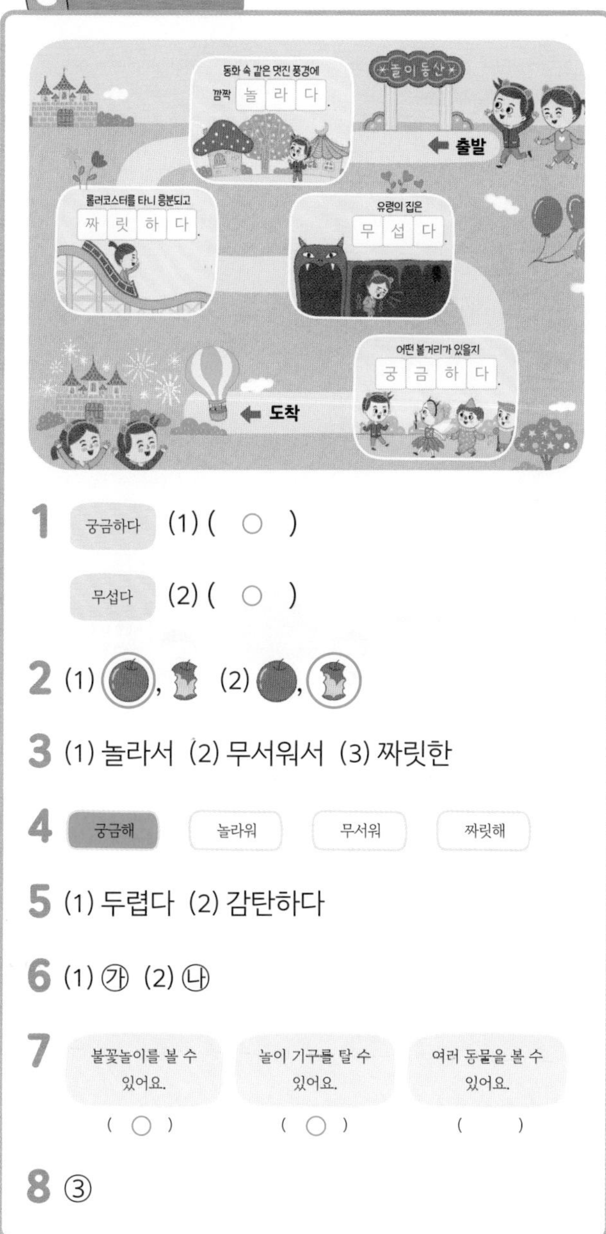


**1** 궁금하다 (1) ( ○ )
무섭다 (2) ( ○ )

**2** (1) ◯, (2) ◯

**3** (1) 놀라서 (2) 무서워서 (3) 짜릿한

**4** 궁금해 놀라워 무서워 짜릿해

**5** (1) 두렵다 (2) 감탄하다

**6** (1) ㉮ (2) ㉯

**7** 불꽃놀이를 볼 수 있어요. ( ○ ) 놀이 기구를 탈 수 있어요. ( ○ ) 여러 동물을 볼 수 있어요. (   )

**8** ③

**3** (1) 마술사의 마술이 뛰어나고 신기하여 감동을 받아 박수를 친 상황이므로 '놀라서'가 알맞습니다. (2) 전망대에서 아래를 내려다보고 겁이 나 다리가 후들거린 상황이므로 '무서워서'가 알맞습니다. (3) 막상막하의 경기에 흥분이 되고 떨려 손에 땀을 쥐는 상황이므로 '짜릿한' 경기라는 표현이 적절합니다.

**4** 노란색과 파란색을 섞으면 어떤 색깔이 되는지에 대해 다른 친구가 대답을 해 주고 있으므로, '무엇이 무척 알고 싶다.'는 뜻의 '궁금하다'가 들어가는 것이 알맞습니다.

**8** '두렵다'는 무서운 상황에서 느끼는 감정이므로 지금껏 보지 못한 새로운 것들을 구경할 때의 마음으로 알맞지 않습니다.

## 2주 5일차

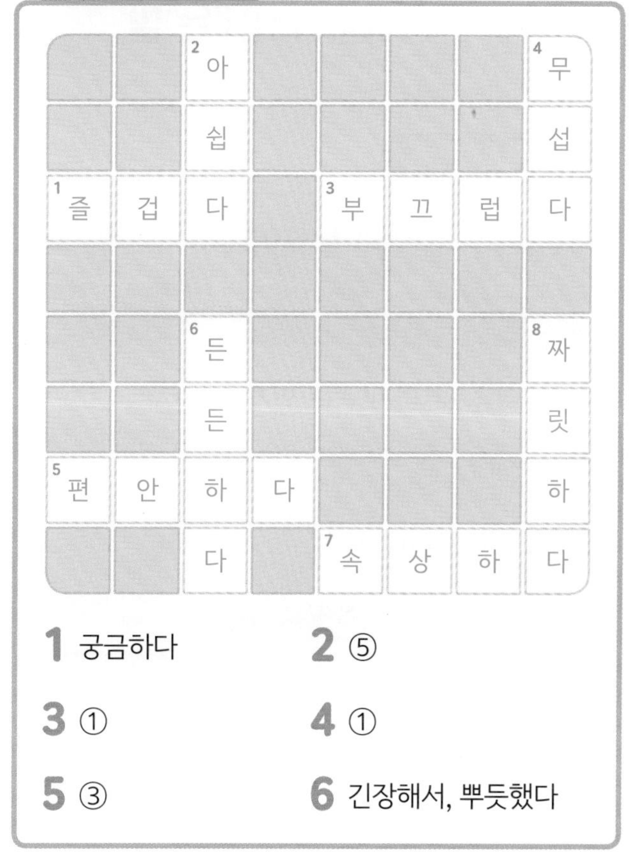

| | | | | | | | |
|---|---|---|---|---|---|---|---|
| ■ | ■ | 2 아 | ■ | ■ | ■ | ■ | 4 무 |
| ■ | ■ | 쉽 | ■ | ■ | ■ | ■ | 섭 |
| 1 즐 | 겁 | 다 | ■ | 3 부 | 끄 | 럽 | 다 |
| ■ | ■ | ■ | ■ | ■ | ■ | ■ | ■ |
| ■ | ■ | 6 든 | ■ | ■ | ■ | ■ | 8 짜 |
| ■ | ■ | 든 | ■ | ■ | ■ | ■ | 릿 |
| 5 편 | 안 | 하 | 다 | ■ | ■ | ■ | 하 |
| ■ | ■ | 다 | ■ | 7 속 | 상 | 하 | 다 |

**1** 궁금하다 **2** ⑤

**3** ① **4** ①

**5** ③ **6** 긴장해서, 뿌듯했다

**5** 열심히 연습했지만 대회 도중에 실수를 한 상황이므로 '일이 뜻대로 되지 않아 마음이 편하지 않고 괴롭다.'라는 뜻의 '속상하다'가 들어가는 것이 알맞습니다.

**6** 손에 땀이 난다는 말로 보아 긴장했음을 알 수 있고, 열심히 연습한 끝에 자전거를 탈 수 있게 되었으므로 뿌듯했음을 알 수 있습니다.

# 3주 차례를 나타내는 말

## 3주 1일차

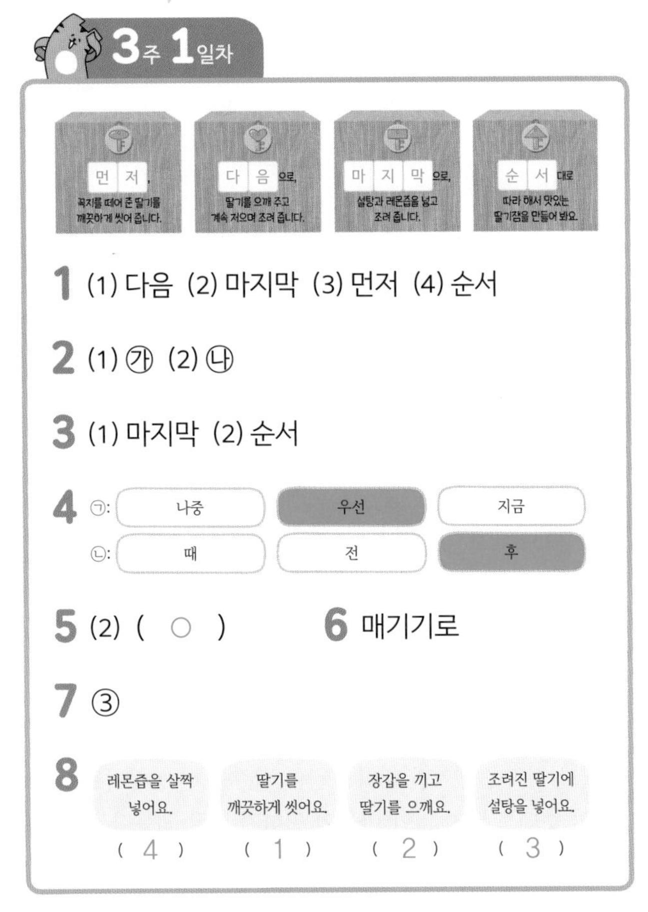


**2** (1) 밥을 먹는 순서에 앞서 손을 씻으라고 하였으므로 ㉮의 빈칸에는 '먼저'가 들어가야 합니다. (2) 밥을 먹은 뒤에 간식을 먹었다는 의미이므로 ㉯의 빈칸에는 '다음'이 들어가야 합니다.

**3** (1) 다른 승객이 모두 탄 후에 버스에 타고 있으므로 '마지막'이 적절합니다. (2) 사람들이 줄을 서서 자신의 차례가 오기를 기다리고 있으므로 '순서'가 적절합니다.

**6** '순서'는 '어떤 일을 하거나 어떤 일이 이루어지는 차례.'를 뜻하므로 순서를 정하는 것을 의미하는 '매기다'와 짝을 지어 쓸 수 있습니다.

**7** ① 딸기 꼭지를 떼어 줘야 하고, ② 딸기를 계속 저으며 조려야 합니다. ④ 순서대로 따라 해야 맛있는 딸기잼을 만들 수 있다고 했으며, ⑤ 설탕은 조려진 딸기와 같은 양만큼 넣어야 합니다.

**8** 먼저 딸기를 깨끗하게 씻어 주고 으깬 후, 조린 다음 설탕을 넣어 주고, 마지막으로 레몬즙을 넣으라고 하였습니다.

## 3주 2일차

**2** '질서'는 '많은 사람들이 모인 곳에서 혼란스럽지 않도록 지키는 순서나 차례.'라는 뜻이므로 대중교통을 이용할 때 줄을 서지 않으면 질서가 생긴다는 말은 알맞지 않습니다.

**3** (1) 둘째 아들이라는 뜻이므로 '번째'가 알맞습니다. (2) 밖에 나갔다가 집에 들어오면 손을 먼저 씻는다는 뜻이므로 '부터'가 알맞습니다.

**4** '기준'은 '구별하거나 정도를 판단하기 위하여 그것과 비교하도록 정한 대상이나 잣대.'를 말합니다. ㉡ 한 사람을 기준으로 삼아 간격을 벌린다는 것은, 그 사람을 잣대로 삼아 양옆으로 간격을 벌린다는 의미이고, ㉢ 시계탑을 기준으로 방향을 알아보는 것은, 시계탑을 잣대로 삼아 그 위치에서의 방향을 알아본다는 뜻입니다.

**8** '부터'는 어떤 일의 시작이나 처음을 나타내는 말로, 어떤 범위의 끝을 의미하는 '까지'와 뜻이 같지 않고, '보다'로 바꾸어 쓸 수 없습니다.

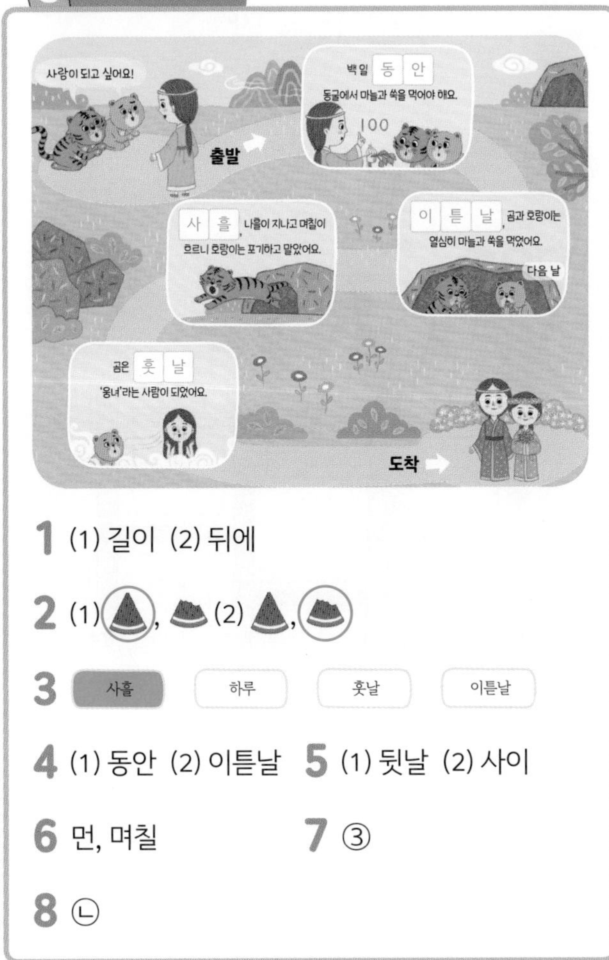


1 (1) 길이 (2) 뒤에

2 (1) (2)

3 사흘 하루 훗날 이튿날

4 (1) 동안 (2) 이튿날

5 (1) 뒷날 (2) 사이

6 먼, 며칠

7 ③

8 ㉡

**2** (1) '사흘'은 '세 날.', (2) '이튿날'은 '어떤 일이 있은 그다음의 날.'이라는 뜻입니다.

**3** 월요일부터 수요일까지는 세 날이므로, 빈칸에 들어갈 낱말은 '사흘'이 알맞습니다.

**4** (1) 한석봉이 글씨를 쓰는 시간에 어머니가 떡을 썬 것이므로 '동안'이 알맞습니다. (2) 늦은 밤까지 내리던 비가 다음 날 아침이 되자 그친 것이므로 '이튿날'이 알맞습니다.

**6** '시간이 지나 뒤에 올 날.'이라는 뜻을 가진 '훗날'은 '멀다'와 짝을 이루어 '먼 훗날'과 같이 쓸 수 있고, '어느 한때에서 다른 한때까지 시간의 길이.'라는 뜻을 가진 '동안'은 '며칠'과 짝을 이루어 '며칠 동안'과 같이 쓸 수 있습니다.

**7** ①, ② 호랑이는 100일을 채우지 못하고 동굴 밖으로 뛰쳐나갔습니다. ④ 사람이 된 것은 곰입니다. ⑤ 곰과 호랑이에게 인간이 되는 법을 알려 준 것은 환인이 아닌 환웅입니다.

**8** '사흘'은 '세 날.'이라는 뜻으로 '삼 일'과 뜻이 비슷합니다.

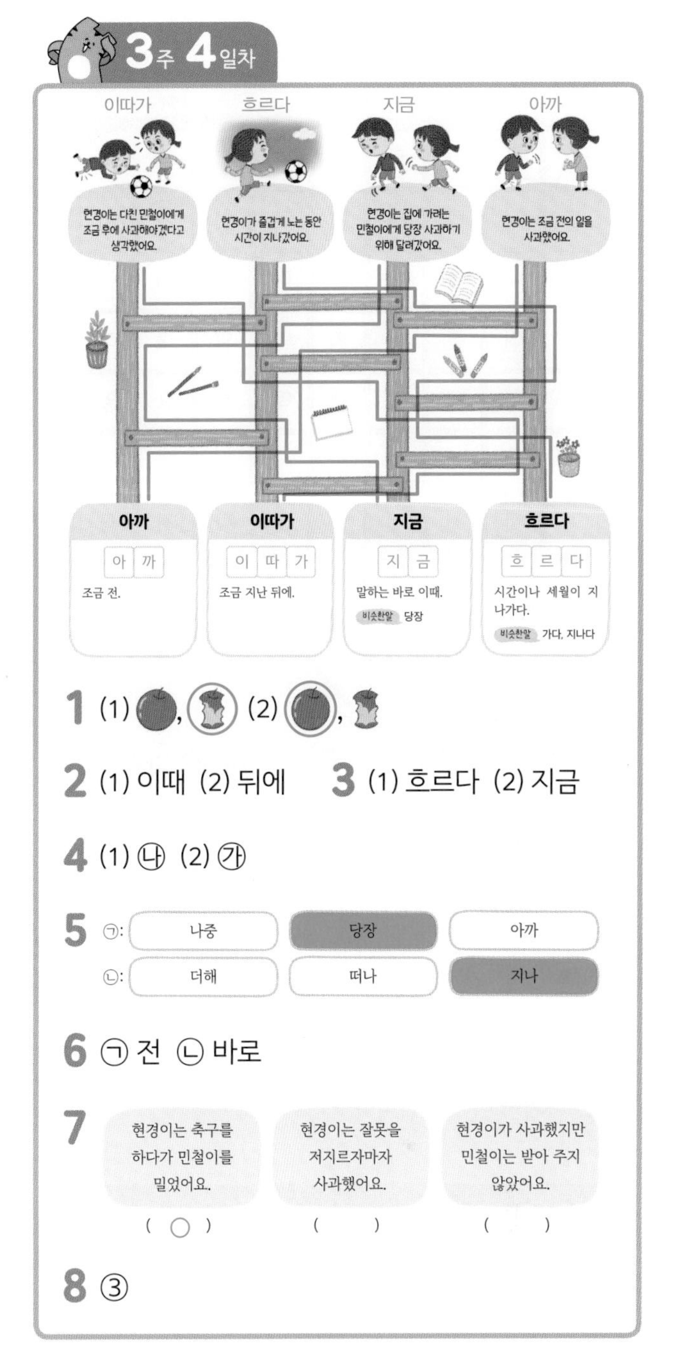


1 (1) (2)

2 (1) 이때 (2) 뒤에

3 (1) 흐르다 (2) 지금

4 (1) ㉯ (2) ㉮

5 ㉠: 나중 당장 아까
㉡: 더해 떠나 지나

6 ㉠ 전 ㉡ 바로

7

| 현경이는 축구를 하다가 민철이를 밀었어요. | 현경이는 잘못을 저지르자마자 사과했어요. | 현경이가 사과했지만 민철이는 받아 주지 않았어요. |
|---|---|---|
| ( ○ ) | (   ) | (   ) |

8 ③

**3** (1)에서는 방학 동안 시간이 빠르게 지나갔음을 말하고 있으므로 '흐르다'를 쓰는 것이 알맞으며, (2)에서는 미래가 말하는 바로 이때 운동을 하고 있으므로 '지금'을 쓰는 것이 알맞습니다.

**4** (1) 민정이가 모래성을 만들던 시간은 지금보다 이전이므로 '아까'가 알맞습니다. (2) 서준이가 동생에게 숨바꼭질보다 숙제를 먼저 하자고 한 상황이므로, 숨바꼭질을 하는 시간은 '이따가'가 알맞습니다.

**8** ㉠은 말하는 바로 이때 사과를 하려고 하고 있으므로 '지금'이, ㉡은 조금 전의 일을 사과하고 있으므로 '아까'가 들어가는 것이 알맞습니다.

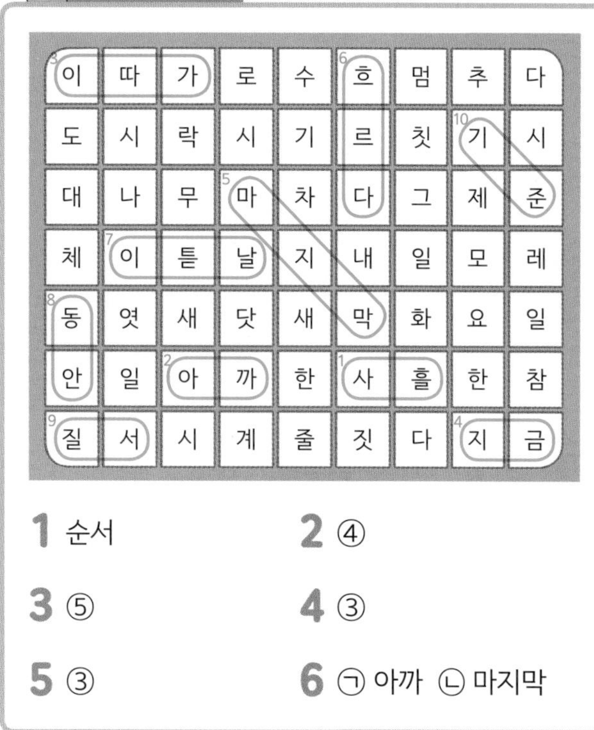


1 순서 2 ④

3 ⑤ 4 ③

5 ③ 6 ㉠ 아까 ㉡ 마지막

**5** 이 글은 준이가 여름 방학 때 한 일들을 이야기하고 있습니다. 따라서 '방학 동안 있었던 일'이 알맞습니다.

**6** ㉠은 '조금 전'에 갔던 놀이터에 다시 간 것이므로 '아까'가 적절하고, ㉡은 들렀던 곳들 중에 '시간이나 순서의 맨 끝'에 해당하는 장소가 어디인지 생각해 보라고 한 것이므로 '마지막'이 적절합니다.

▶ 시간과 관련된 관용 표현입니다. 여러 가지 표현을 사용하여 시간의 흐름을 다양하게 이야기해 볼 수 있습니다.

# 4주 수를 세는 말

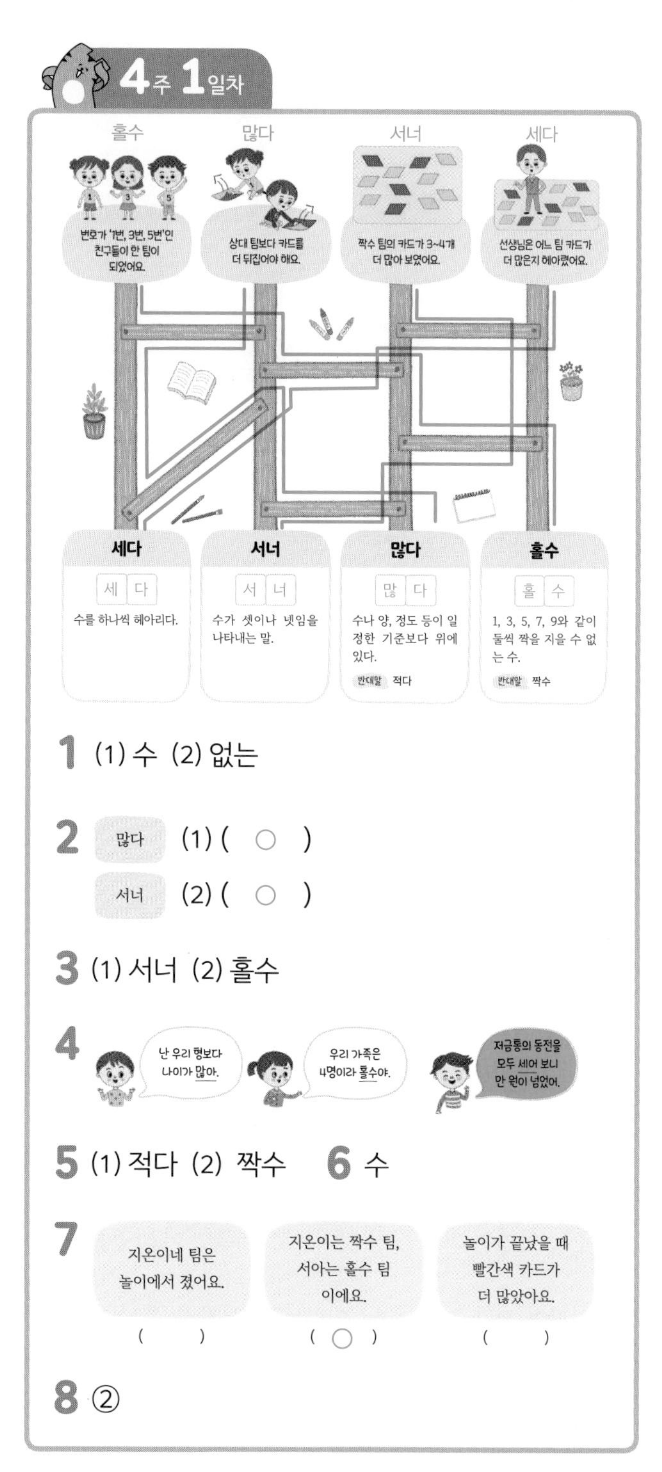


1 (1) 수 (2) 없는

2 많다 (1) ( ○ )
서너 (2) ( ○ )

3 (1) 서너 (2) 홀수

4 난 우리 형보다 나이가 많아. / 우리 가족은 4명이라 홀수야. / 저금통의 동전을 모두 세어 보니 만 원이 넘었어.

5 (1) 적다 (2) 짝수 6 수

7 지온이네 팀은 놀이에서 졌어요. ( ) / 지온이는 짝수 팀, 서아는 홀수 팀이에요. ( ○ ) / 놀이가 끝났을 때 빨간색 카드가 더 많았어요. ( )

8 ②

**3** (1) 수가 셋이나 넷임을 나타내는 말은 '서너'라고 써야 합니다. (2) 1, 3, 5, 7, 9와 같이 둘씩 짝을 지을 수 없는 수는 '홀수'이고, 2, 4, 6, 8, 10과 같이 둘씩 짝을 지을 수 있는 수는 '짝수'입니다.

**4** '난 우리 형보다 나이가 적어.'라고 말하는 것이 알맞고, 4는 둘씩 짝을 지을 수 있는 수이므로 홀수가 아닙니다.

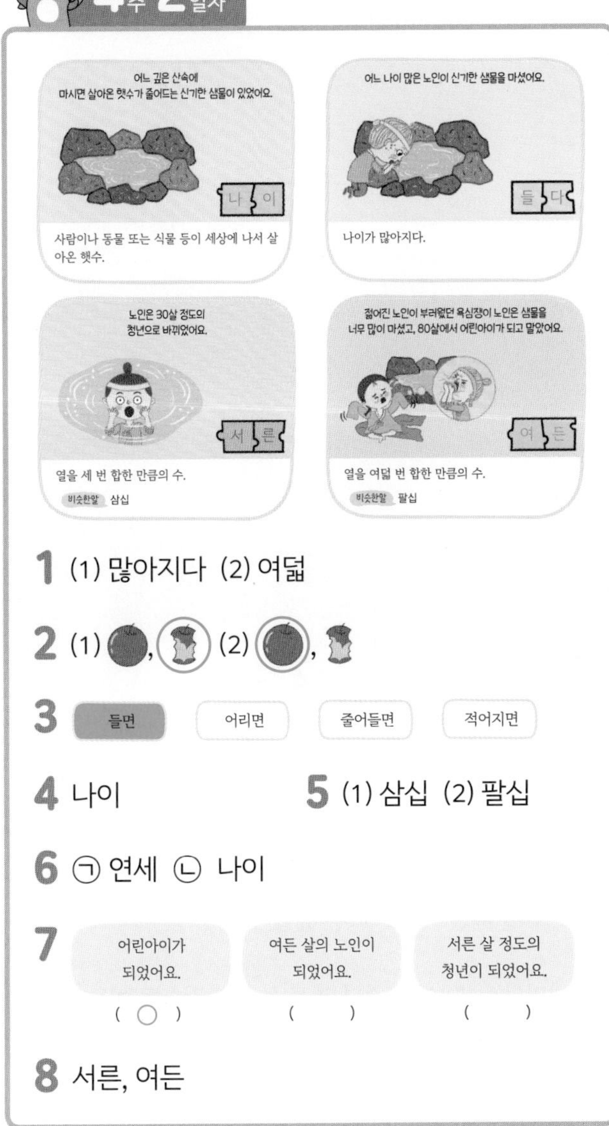


**3** 커서 무슨 일을 하고 싶은지 질문하였으므로, '나이가 많아지다.'라는 뜻의 '들다'가 들어가는 것이 알맞습니다.

**4** 세 문장 모두 '사람이나 동물 또는 식물 등이 세상에 나서 살아온 햇수.'를 뜻하는 '나이'가 들어가는 것이 알맞습니다.

**6** '연세'는 '나이'의 높임말이므로, 할머니께는 '연세', 동생에게는 '나이'라고 쓰는 것이 적절합니다.

**7** 욕심쟁이 노인은 젊어지고 싶은 마음에 샘물을 너무 많이 마셔서 어린아이가 되어 버렸습니다.

**8** 30은 '열을 세 번 합한 만큼의 수.'인 '서른'으로 읽을 수 있으며, 80은 '열을 여덟 번 합한 만큼의 수.'인 '여든'으로 읽을 수 있습니다.

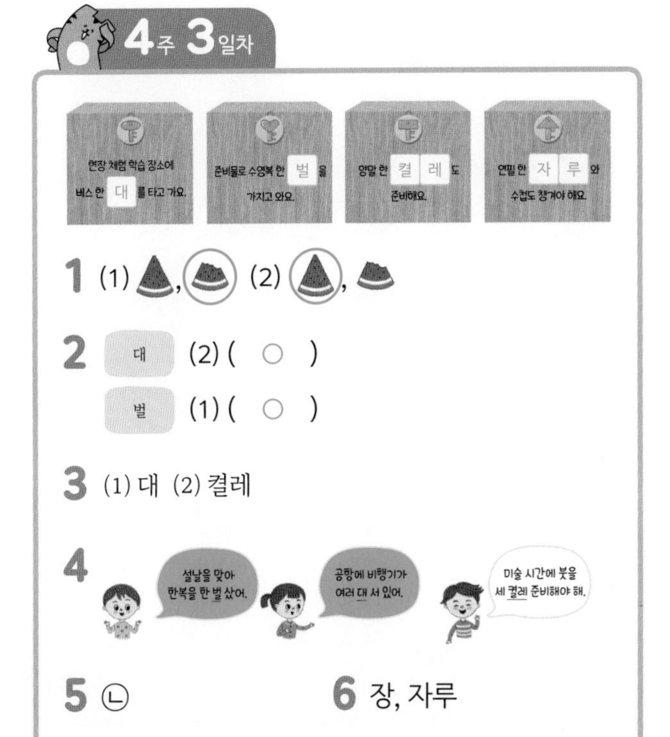


7 ②

8 ㉠ 기차, 비행기 ㉡ 구두, 운동화

**3** (1) '개'는 '낱으로 된 물건을 세는 말.'이며 차를 세는 말은 '대'입니다. (2) 운동화를 세는 말은 '켤레'입니다.

**4** '켤레'는 '신발, 양말, 장갑 등 짝이 되는 두 개를 한 벌로 세는 말.'로, 붓을 셀 때는 '붓, 연필 등의 필기도구를 세는 말.'인 '자루'를 써야 합니다.

**5** 감나무와 같은 식물, 특히 나무를 세는 말은 '그루'입니다.

**6** 종이는 '장'으로 셀 수 있으며, 연필이나 볼펜은 '자루'로 셀 수 있습니다.

**7** 이 글은 수영장 현장 체험 학습을 안내하기 위한 가정 통신문입니다. ① 필기도구인 연필과 수첩을 챙기라고 하였으며, ③ 오전 9시에 학교 운동장에서 출발한다고 하였습니다. ④ 수영복과 여벌 옷은 각각 한 벌씩 챙기라고 하였으며, ⑤ 두 반이 한 대의 버스로 함께 이동한다고 하였습니다.

**8** ㉠ '대'는 '차나 비행기, 기계, 악기 등을 세는 말.'로, 기차, 비행기를 셀 때 사용하고, ㉡ '켤레'는 '신발, 양말, 장갑 등 짝이 되는 두 개를 한 벌로 세는 말.'로 구두나 운동화를 셀 때 사용합니다.

## 4주 4일차

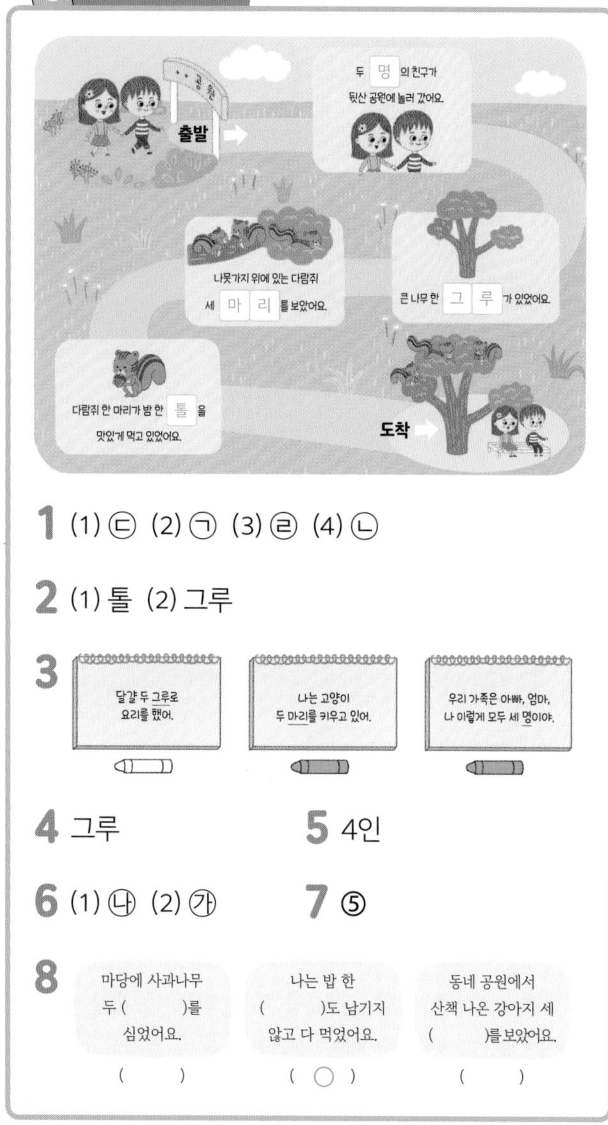


**1** (1) ㉢ (2) ㉠ (3) ㉣ (4) ㉡

**2** (1) 톨 (2) 그루

**3**


**4** 그루　　**5** 4인

**6** (1) ㉯ (2) ㉮　　**7** ⑤

**8**


**2** (1) 밥알은 곡식이므로 '밤이나 곡식의 낱알을 세는 말.'인 '톨'로 셀 수 있습니다. (2) 은행나무는 나무이므로 '나무의 수를 세는 말.'인 '그루'로 셀 수 있습니다.

**3** 달걀과 같은 작고 둥근 모양의 물건을 세는 말은 '알'입니다.

**4** 나무의 수를 세는 말은 '그루'입니다.

**6** '명'은 '다섯'과 짝을 지어 '다섯 명'으로 쓸 수 있고, '인'은 '오'와 짝을 지어 '오 인'으로 쓸 수 있습니다.

**7** 하늘공원에 간 글쓴이가 벤치에서 밤을 먹는 사람들을 보았다는 내용은 나타나지 않았습니다.

**8** ㉠에는 '밤'을 세는 말인 '톨'이 들어가야 합니다. '톨'로 셀 수 있는 말은 곡식인 '밥'이 적절합니다. 사과나무는 '그루'로, 강아지는 '마리'로 셀 수 있습니다.

## 4주 5일차

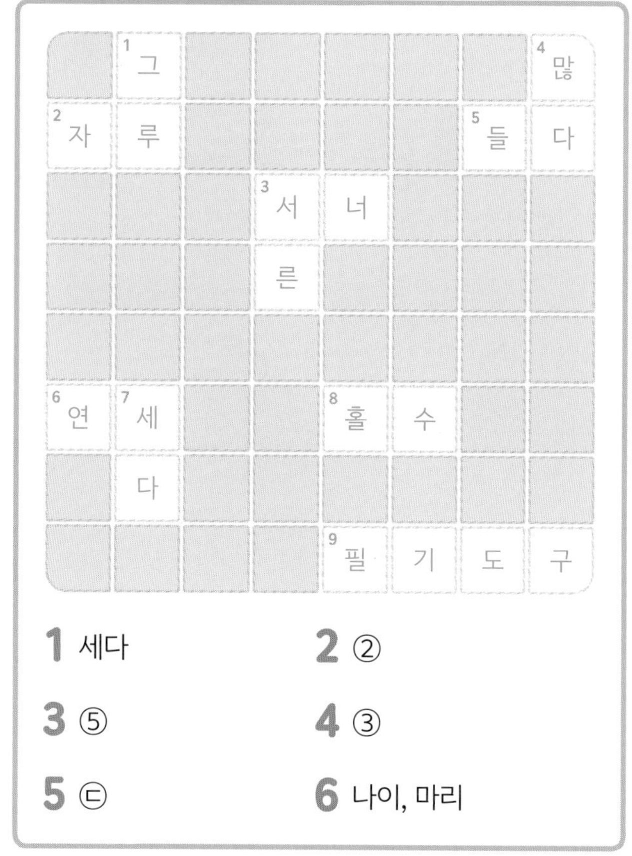


**1** 세다　　**2** ②

**3** ⑤　　**4** ③

**5** ㉢　　**6** 나이, 마리

**5** 옷을 셀 때는 '벌'을 쓸 수 있습니다.

**6** '어리다'는 '나이가 적다.'라는 뜻을 가진 낱말이므로 첫 번째 빈칸에는 '나이'가 들어가는 것이 알맞습니다. 두 번째 빈칸에는 토끼 등의 동물을 세는 말인 '마리'가 들어가는 것이 알맞습니다.

# 5주 계절과 관련된 말

**3** (1) 길가에 벚꽃이 핀 모습에는 '활짝'이 어울리고, (2) 눈사람이 따뜻한 햇살로 인해 액체 상태가 된 상황에는 '녹다'가 어울립니다.

**4** (1) '트다'는 '식물의 싹이 새로 나다.'라는 뜻으로, 봄이 와서 나무에 새로운 싹이 돋은 상황에 쓸 수 있으며, (2) '따뜻하다'는 '아주 덥지 않고 기분이 좋은 정도로 온도가 알맞게 높다.'라는 뜻으로 이불을 덮어 온도가 알맞게 높을 때 쓸 수 있습니다.

**8** 봄에는 얼어붙었던 땅이 '녹고', 여러 가지 꽃이 '활짝' 핍니다.

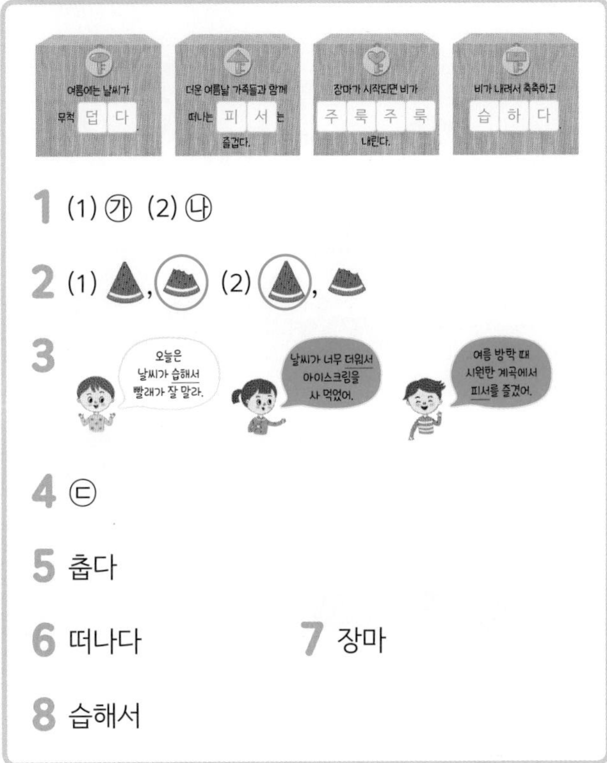


**1** (1) '덥다'는 '몸으로 느끼기에 공기의 온도가 높다.'라는 뜻이며, (2) '습하다'는 '메마르지 않고 물기가 많아 축축하다.'라는 뜻입니다.

**2** (1) '피서'는 '더위를 피하여 시원한 곳으로 감.'이라는 뜻입니다.

**3** '습하다'는 메마르지 않고 물기가 축축한 상태를 뜻하므로 습한 날에 빨래가 잘 마른다는 말은 알맞지 않습니다.

**4** ㉢에는 '열매 등이 많이 달려 있는 모양.'을 뜻하는 '주렁주렁'이 들어가는 것이 알맞습니다.

**5** '덥다'의 반대말은 '공기의 온도가 낮다.'는 뜻의 '춥다'입니다.

**6** 더위를 피하여 시원한 곳으로 옮겨 가는 '피서'는 '떠나다'와 어울려 쓰입니다.

**7** 엄마께서 '여름철에 여러 날 동안 계속 비가 내리는' '장마'가 시작되었다고 하였습니다.

**8** 장마철에 빨래가 잘 마르지 않는 이유는 습하기 때문입니다. '상쾌하다'는 '느낌이 시원하고 산뜻하다.'를 뜻하고, '가볍다'는 '무게가 적다.'를 뜻합니다.

## 5주 3일차

**1** (1) 풍성하다 (2) 하늘대다

**2** (1) (2)

**3** (1) 서늘한 (2) 풍성하다

**4** 물들다

**5** 하늘거려요

**6** 단풍

**7**

| 아빠와 공원을 산책했어요. | 캠핑을 가서 단풍을 구경했어요. | 코스모스 앞에서 사진을 찍었어요. |
|---|---|---|
| (  ) | ( ○ ) | ( ○ ) |

**8** 물든

**3** (1)은 아침저녁으로 찬 바람이 불어 두툼한 옷을 입었다는 내용이므로 '서늘한'이 알맞고, (2)는 먹을거리가 넉넉하고 많다는 내용이므로 '풍성하다'가 알맞습니다.

**4** '노랗게, 빨갛게, 파랗게'라는 말로 보아 '빛깔이 서서히 퍼지거나 옮아서 묻다.'라는 뜻의 '물들다'가 들어가는 것이 알맞습니다.

**5** 코스모스가 조금씩 가볍게 자꾸 흔들린다는 말이므로 '하늘거려요'와 바꾸어 쓸 수 있습니다.

**6** 가을이 되어 나무의 잎이 노란색, 붉은색 등으로 물드는 것을 '단풍'이라고 합니다.

**7** 시우는 아빠와 캠핑을 가서 단풍을 구경하고 낙엽을 밟았으며, 코스모스 앞에서 사진을 찍었습니다.

**8** 앞부분의 '울긋불긋'과 뒷부분의 '단풍'에서 '물든'이 들어가는 것이 적절함을 알 수 있습니다.

## 5주 4일차

**1** (1) ㉡ (2) ㉢ (3) ㉠ (4) ㉣

**2** (1) 내리다 (2) 건조하다

**3**
차가운 바람이 불어서 옷을 얇게 입고 나왔어.
겨울에는 습기가 적어서 피부가 건조해지기 쉬워.
눈이 내리는 날 친구와 눈사람을 만들었어.

**4** ㉡

**5** 뜨겁다

**6** (1) ㉮ (2) ㉯

**7** ②

**8** 누리

**2** (1) 눈이 하늘에서 떨어지므로 '내리다'가 어울립니다. (2) 비가 내리지 않아 땅이 말랐으므로 '건조하다'가 어울립니다.

**3** '차가운 바람이 불어서 옷을 두껍게 입고 나왔어.'라고 말하는 것이 적절합니다.

**4** ㉠에는 '크고 무거운 물건이 계속 바닥이나 물체 위에 떨어지거나 부딪쳐 나는 소리.'를 뜻하는 '쿵쿵'이, ㉢에는 '남이 알아차리지 못하도록 조용히 움직이는 모양.'을 뜻하는 '살금살금'이 들어가기에 알맞습니다.

**5** '차갑다'와 뜻이 반대되는 낱말은 '손이나 몸에 느껴지는 온도가 몹시 높다.'라는 뜻의 '뜨겁다'입니다.

**7** ① 겨울은 사계절 중 네 번째 계절입니다. ③ 겨울에는 찬 바람이 불고 건조합니다. ④ 겨울이 되면 다람쥐, 개구리 등은 겨울잠에 듭니다. ⑤ 동물들이 겨울잠을 자는 땅속이나 동굴은 바깥보다 따뜻합니다.

**8** 추워서 몸을 떠는 상황이므로 '오들오들'이 들어가는 것이 알맞습니다.

## 5주 5일차

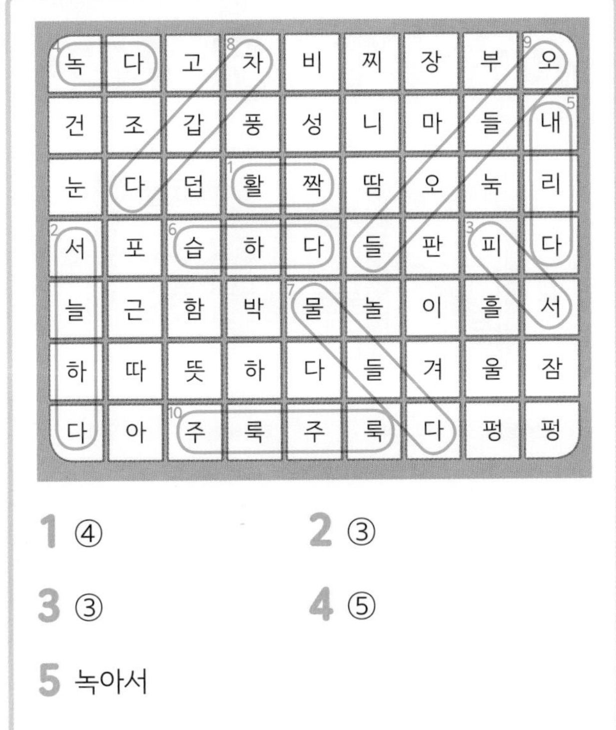

| 녹 | 다 | 고 | 차 | 비 | 찌 | 장 | 부 | 오 |
|---|---|---|---|---|---|---|---|---|
| 건 | 조 | 갑 | 풍 | 성 | 니 | 마 | 들 | 내 |
| 눈 | 다 | 덥 | 활 | 짝 | 땀 | 오 | 늑 | 리 |
| 서 | 포 | 습 | 하 | 다 | 들 | 판 | 피 | 다 |
| 늘 | 근 | 함 | 박 | 물 | 놀 | 이 | 흘 | 서 |
| 하 | 따 | 뜻 | 하 | 다 | 들 | 겨 | 울 | 잠 |
| 다 | 아 | 주 | 룩 | 주 | 룩 | 다 | 펑 | 펑 |

**1** ④ **2** ③

**3** ③ **4** ⑤

**5** 녹아서

**6** 내리는, 오들오들, 차가운

**6** '내리다'는 '눈, 비, 이슬 등이 하늘에서 떨어지다.'라는 뜻이므로 '눈이 펑펑 내리는'과 같이 쓸 수 있고, '오들오들'은 '춥거나 무서워서 몸을 계속해서 떠는 모양.'이라는 뜻이므로 '몸이 오들오들 떨리다'와 같이 쓸 수 있습니다. 또 '차갑다'는 '살에 닿는 느낌이 매우 서늘하고 차다.'라는 뜻이므로 '얼음처럼 차가운 손'과 같이 쓸 수 있습니다.

## 한 걸음 더!

# 6주 나와 가족과 관련된 말

## 6주 1일차

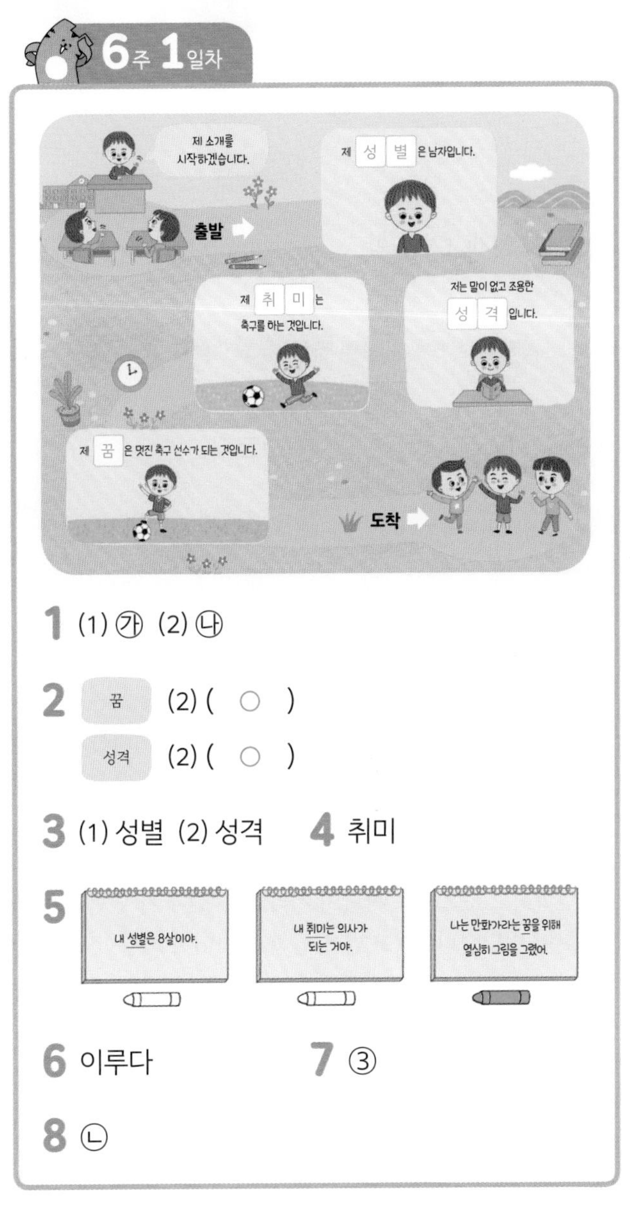


**1** (1) ㉮ (2) ㉯

**2** 꿈 (2) ( ○ )
성격 (2) ( ○ )

**3** (1) 성별 (2) 성격 **4** 취미

**5** 내 성별은 8살이야. / 내 취미는 의사가 되는 거야. / 나는 만화가라는 꿈을 위해 열심히 그림을 그렸어.

**6** 이루다 **7** ③

**8** ㉡

**3** (1)은 남자나 여자라는 성별에 관계없이 자유롭게 직업을 선택한다는 뜻이므로 '성별'이 알맞고, (2)는 심술궂은 성질의 놀부가 제비를 괴롭히는 상황이므로 '성격'이 알맞습니다.

**4** '피아노 치기, 낚시, 요리'는 모두 좋아서 즐겨 하는 일이므로 '취미'가 들어가는 것이 알맞습니다.

**5** '성별'은 남자와 여자를 구별하는 말인데 '8살'은 나이를 나타내는 말이므로 쓰임이 적절하지 않고, '취미'는 좋아하여 재미로 하는 것인데 '의사'는 직업이므로 쓰임이 적절하지 않습니다.

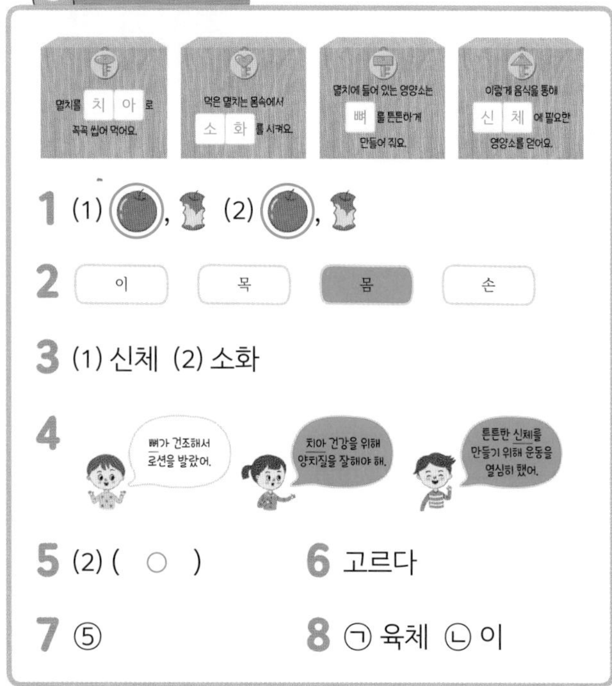


**1** (1)과 (2) 모두 낱말과 뜻풀이가 알맞게 짝지어졌습니다.

**2** '신체'는 '사람의 몸.'이라는 뜻이며, '뼈'는 '동물이나 사람의 살 속에서 몸을 지탱하는 단단한 물질.'이라는 뜻입니다. 따라서 빈칸에 공통으로 들어갈 말은 '몸'입니다.

**3** (1) 어린아이가 자라나 성인, 노인이 되면서 몸의 모습이 변화하고 있으므로 사람이 자라면서 '신체'가 변한다는 표현이 알맞습니다. (2) 밥을 급하게 먹어서 배탈이 난 상황이므로, 먹은 것을 배 속에서 처리하여 영양분으로 빨아들이는 '소화'가 되지 않은 것임을 알 수 있습니다.

**4** 건조해지면 로션을 바르는 신체 부위는 피부입니다.

**5** '신체'와 '육체'는 모두 '사람의 몸.'을 뜻합니다. '근육'은 '힘줄과 살을 통틀어 이르는 말.'입니다.

**6** 치아가 들쭉날쭉하지 않고 가지런한 것을 '치아가 고르다.'라고 합니다.

**7** ①, ③ 아빠가 우진이의 숟가락에 멸치를 올려 두었으며, ② 우진이는 소시지를 멸치 볶음보다 더 좋아합니다. ④ 음식을 골고루 먹으면 여러 가지 영양소를 얻을 수 있습니다.

**8** ㉠ '신체'는 '육체'와, ㉡ '치아'는 '이'와 바꾸어 쓸 수 있습니다.

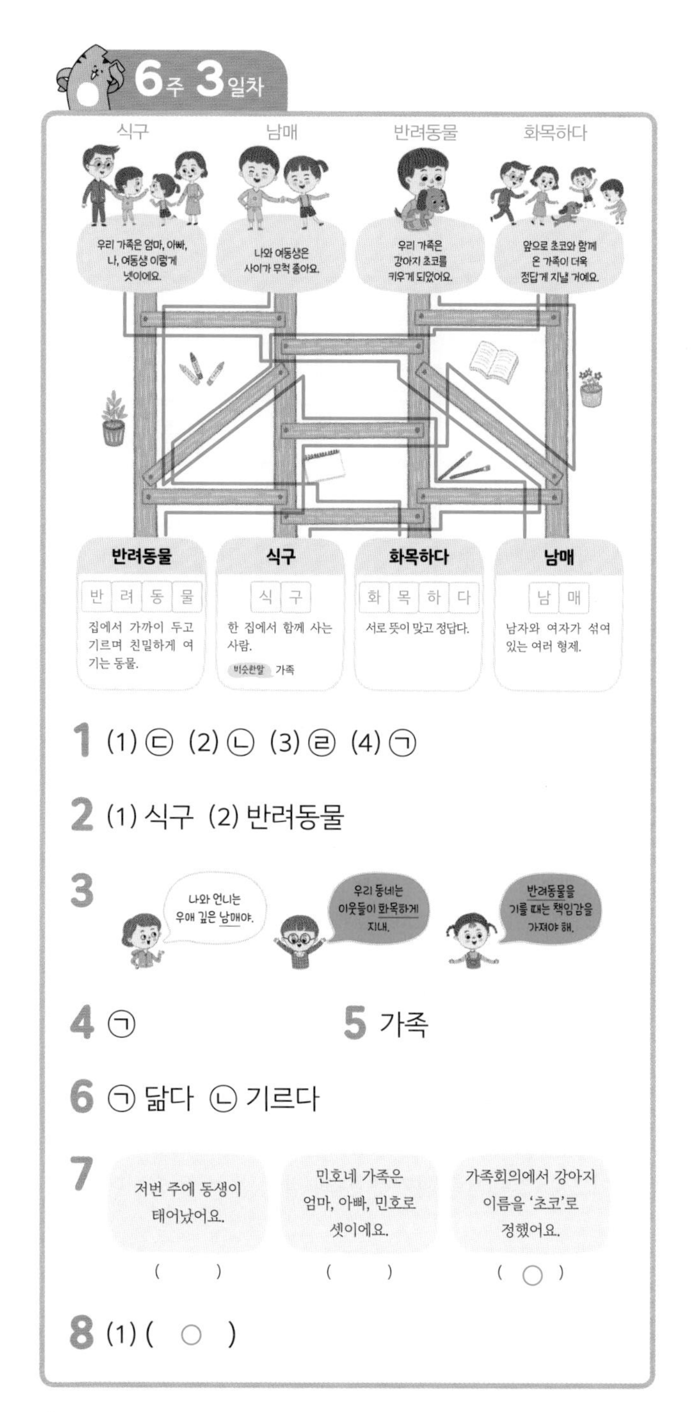


**2** (1) '아빠, 엄마, 나'는 '식구'입니다. '친구'는 '가깝게 오래 사귄 사람.'을 뜻합니다. (2) '거북이를 기르고'로 보아 '반려동물'이 어울립니다. '야생 동물'은 '산이나 들에서 저절로 나서 자라는 동물.'을 뜻합니다.

**3** '언니와 여동생 사이.'는 '자매'라고 해야 합니다.

**4** ㉠에는 '싸움하던 것을 멈추고 서로 가지고 있던 안 좋은 감정을 풀어 없앰.'을 뜻하는 '화해'가 들어가는 것이 알맞습니다.

**7** 민호네 가족은 엄마, 아빠, 민호, 지우로 네 식구이며, 저번 주 토요일에 강아지 한 마리를 키우게 되어 민호와 지우에게 새로운 동생이 생겼다고 했습니다.

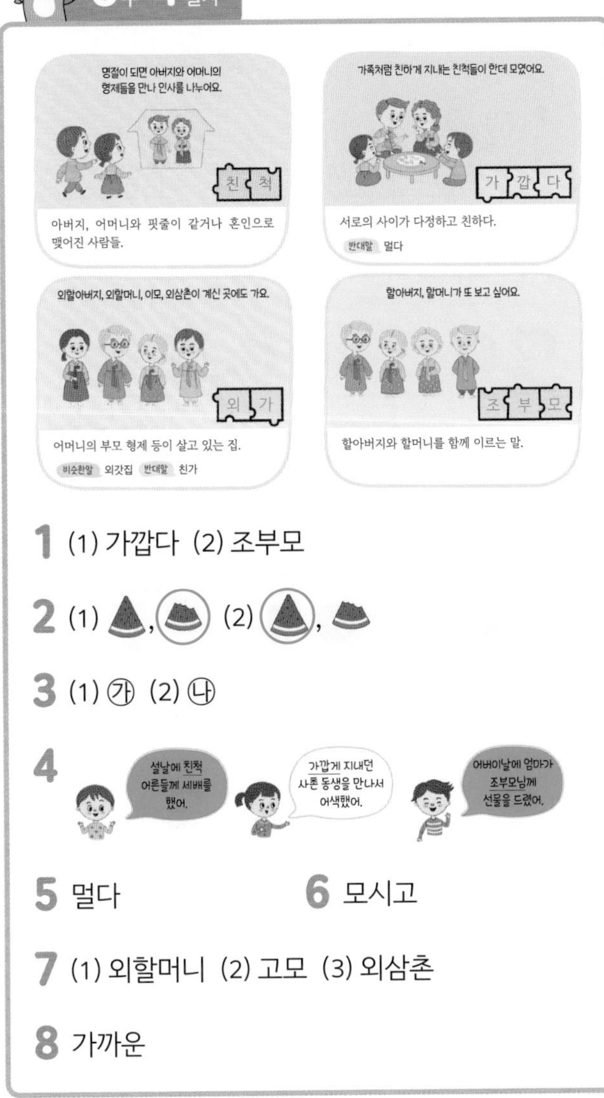


1 (1) 가깝다 (2) 조부모

2 (1) , (2) ,

3 (1) ㉮ (2) ㉯

4

5 멀다

6 모시고

7 (1) 외할머니 (2) 고모 (3) 외삼촌

8 가까운

**3** (1) 어머니의 부모인 외할머니가 살고 있는 집이 외가이므로 ㉮의 빈칸에는 '외가'가 들어가는 것이 알맞습니다. (2) 친형제는 아니지만 그만큼 가깝다는 말이므로 ㉯의 빈칸에는 '친척'이 들어가는 것이 알맞습니다.

**4** '가깝다'는 '서로의 사이가 다정하고 친하다.'를 뜻하므로 '어색하다'와 어울리지 않습니다.

**6** 할아버지, 할머니인 조부모를 높여 말해야 하므로 '데리고'의 높임말인 '모시고'가 알맞습니다.

**7** (1) 어머니를 낳아 주신 분은 '외할머니', (2) 아버지의 여자 형제는 '고모', (3) 어머니의 남자 형제는 '외삼촌'입니다.

**8** '강하다'는 '힘이 세다.'를 뜻하고, '중요하다'는 '귀중하고 꼭 필요하다.'를 뜻합니다.

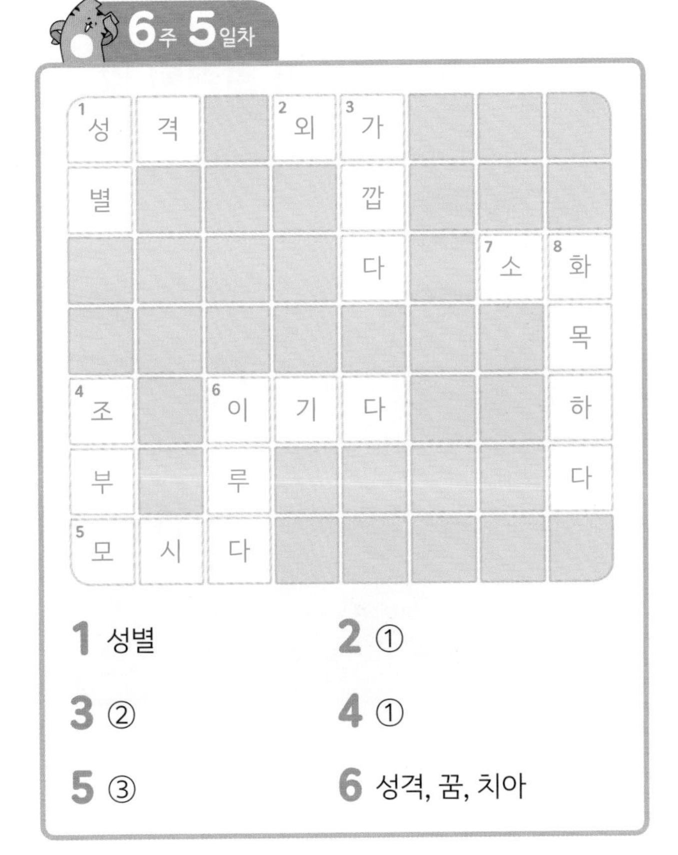


1 성별

2 ①

3 ②

4 ①

5 ③

6 성격, 꿈, 치아

**5** 먹은 것을 배 속에서 처리하여 영양분으로 빨아들이는 것은 '소화'입니다.

**6** 호기심이 많고 긍정적인 것은 개인이 가지고 있는 본래의 성질이므로 '성격'이 들어가는 것이 알맞고, 치과 의사가 되는 것은 '꿈'이 알맞습니다. 치과 의사는 사람들이 건강한 '치아'를 갖도록 치료하는 일을 합니다.

# 7주 주변 장소와 관련된 말

## 7주 1일차

1 (1) 사고파는 (2) 돈

2 사다 (2) ( ○ )
진열 (2) ( ○ )

3 (1) 시장 (2) 진열 (3) 거스름돈

4

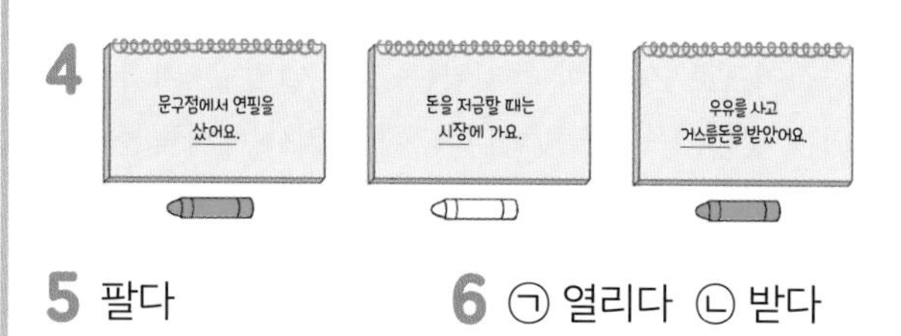


5 팔다

6 ㉠ 열리다 ㉡ 받다

7 ③

8 사는

3 (1)에는 '여러 가지 물건을 사고파는 곳.'을 뜻하는 '시장'이, (2)에는 '여러 사람에게 보이기 위해 물건을 늘어놓음.'을 뜻하는 '진열'이, (3)에는 '치러야 할 돈을 빼고 도로 주거나 받는 돈.'을 뜻하는 '거스름돈'이 알맞습니다.

4 '시장'은 물건을 사고파는 곳이므로 돈을 저금하는 곳이 아닙니다.

7 시장에서 물건 값을 흥정하는 사람들의 모습을 보긴 했지만 엄마가 물건 값을 흥정했다는 내용은 나타나지 않았습니다.

8 '팔다'와 뜻이 반대인 낱말은 '사다'입니다.

## 7주 2일차

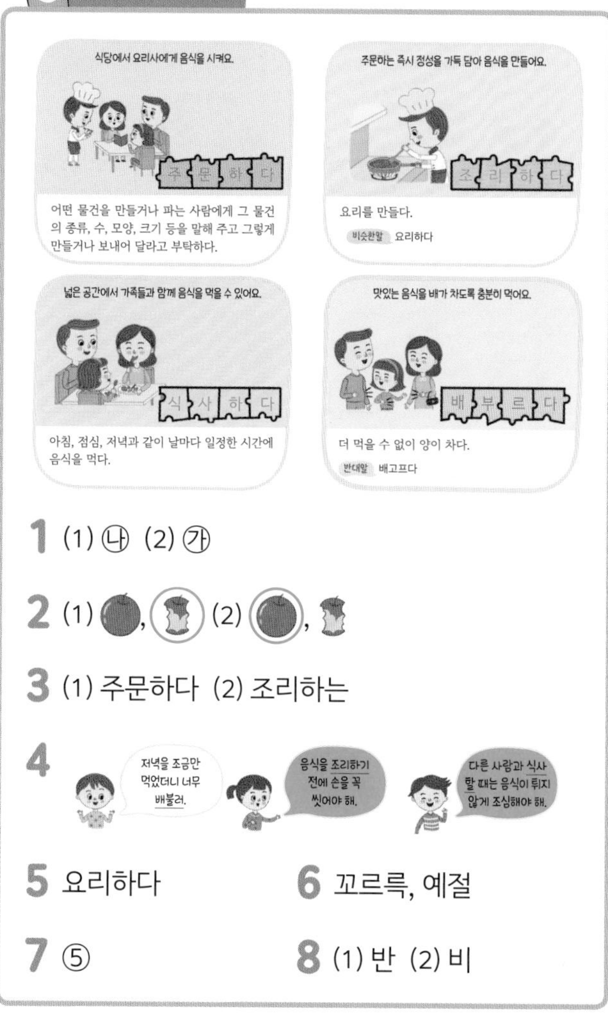


1 (1) ㉯ (2) ㉮

2 (1) (2)

3 (1) 주문하다 (2) 조리하는

4 저녁을 조금만 먹었더니 너무 배불러. / 음식을 조리하기 전에 손을 꼭 씻어야 해. / 다른 사람과 식사할 때는 음식이 튀지 않게 조심해야 해.

5 요리하다

6 꼬르륵, 예절

7 ⑤

8 (1) 반 (2) 비

1 (1) '배부르다'는 ㉯ '더 먹을 수 없이 양이 차다.'라는 뜻이고, (2) '조리하다'는 ㉮ '요리를 만들다.'라는 뜻입니다.

3 (1) 음식점에서 음식을 시키는 것이므로 '주문하다'가 어울리고, '연락하다'는 '어떤 사실을 상대편에게 알리다.'를 뜻합니다. (2) 요리사는 맛있는 음식을 만드는 사람이므로 '조리하는'이 어울립니다.

4 '배부르다'는 '더 먹을 수 없이 양이 차다.'를 뜻하므로 저녁을 조금만 먹은 상황에는 어울리지 않습니다.

5 '조리하다'는 '요리를 만들다.'를 뜻하므로 '요리하다'와 바꾸어 쓸 수 있습니다.

6 '꼬르륵'은 배가 고프거나 소화가 잘되지 않을 때 나는 소리이므로 '배고프다'와 짝을 이루어 사용할 수 있습니다.

7 넓고 따뜻한 공간이라고 하였습니다.

8 '배부르다'의 반대말은 '배고프다'이고, '조리하다'의 비슷한말은 '요리하다'입니다.

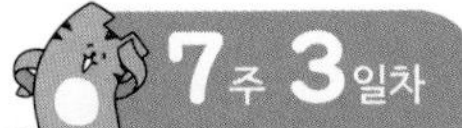


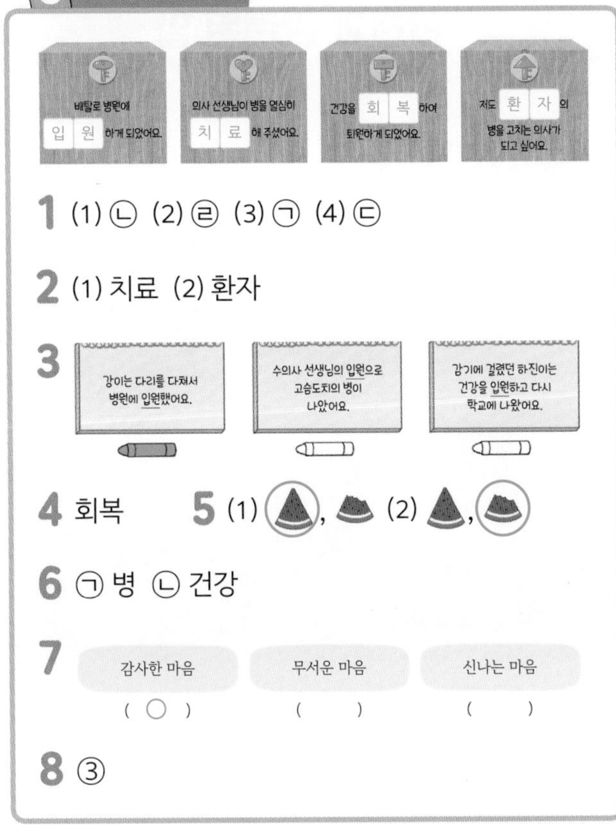


2 '처방'은 '병을 치료하기 위하여 증상에 따라 약을 짓는 방법.'을 뜻하고, '의사'는 '일정한 자격을 가지고 병을 고치는 것을 직업으로 하는 사람.'을 뜻합니다.

3 입원하다'는 '환자가 병을 고치기 위해 일정한 기간 동안 병원에 들어가 지내다.'라는 뜻이므로, 강이가 다리를 다쳐 병원에 입원했다는 쓰임이 적절합니다.

4 세 문장 모두 원래의 좋은 상태를 되찾는다는 뜻의 '회복'이 들어가는 것이 적절합니다.

6 '치료하다'는 '병이나 상처 등을 낫게 하다.'를 뜻하므로 '병을 치료하다'가 적절하고, '회복하다'는 '아프거나 약해졌던 몸을 다시 예전의 상태로 돌이키다.'를 뜻하므로 '건강을 회복하다'가 적절합니다.

7 배탈로 병원에 입원한 윤호를 잘 치료해 주시고 친절하게 대해 주신 의사 선생님께 감사한 마음을 전하는 편지를 썼습니다.

8 '입원'에 대해 설명한 내용입니다. '건강'은 '몸이나 정신이 이상이 없이 튼튼한 상태.', '의사'는 '일정한 자격을 가지고 병을 고치는 것을 직업으로 하는 사람.', '질병'은 '몸에 생기는 온갖 병.'이라는 뜻입니다.

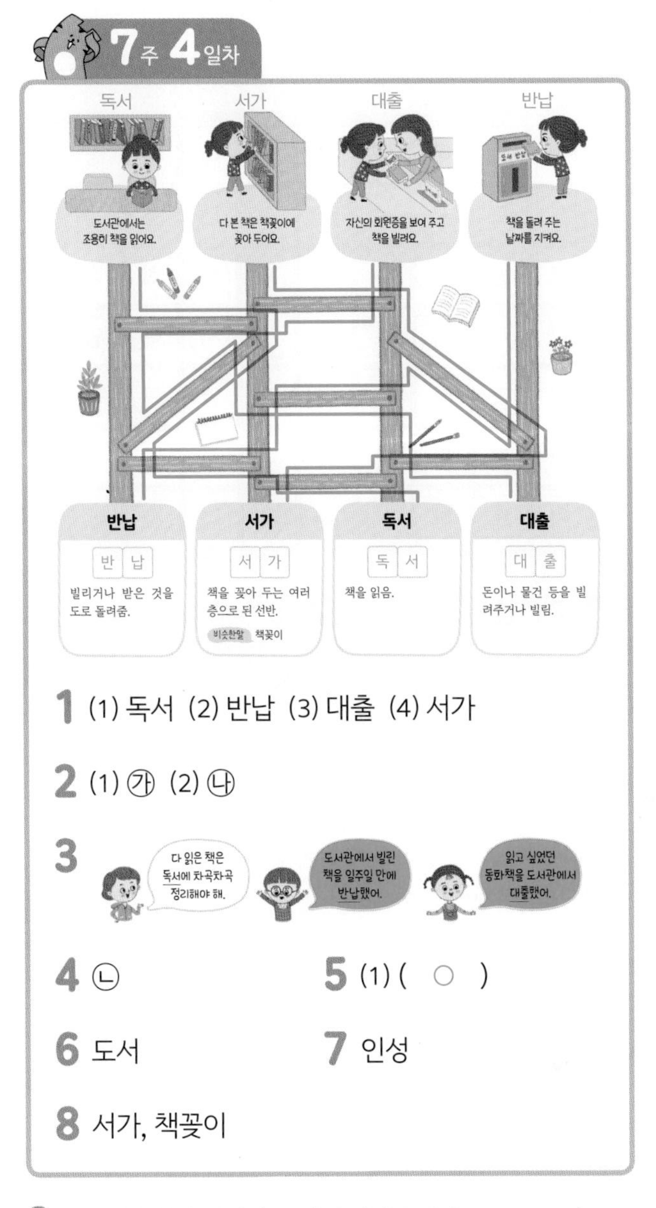


3 책은 '서가'에 정리하는 것이 알맞습니다.

4 '대출'을 넣었을 때 문장이 자연스럽지 않은 것을 찾습니다. ㉡에는 '정한 기한에 약속을 지키지 못하고 늦춤.'을 뜻하는 '연체'가 들어가는 것이 알맞습니다.

5 '서가'는 '책을 세워서 꽂아 두는 물건이나 장치.'라는 뜻의 '책꽂이'와 뜻이 비슷합니다.

6 '도서'는 책을 뜻하므로 '읽다'와 짝을 지어서 사용할 수 있습니다.

7 본인의 회원증을 제시하고 대출을 해야 하고, 음료수나 과자 같은 음식물은 휴게실에서 먹어야 합니다.

8 '서가'는 '책을 꽂아 두는 여러 층으로 된 선반.'을 뜻하므로 '책꽂이'와 바꾸어 쓸 수 있습니다.

## 7주 5일차

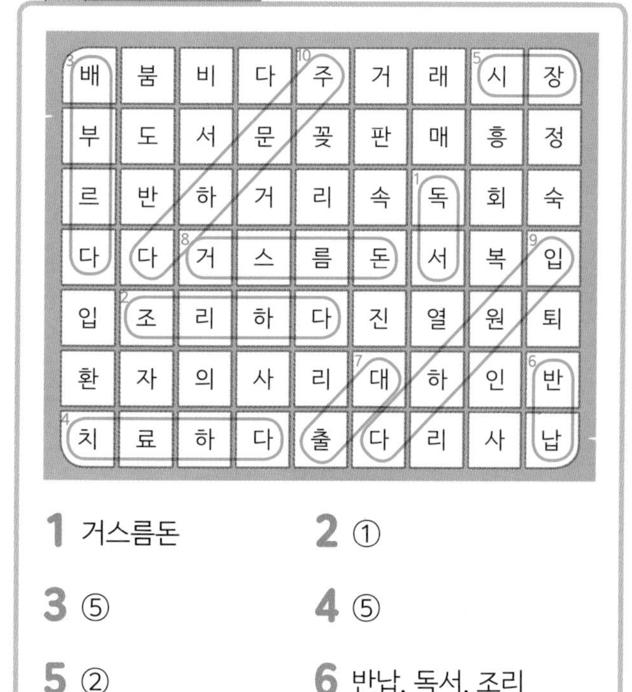


1 거스름돈
2 ①
3 ⑤
4 ⑤
5 ②
6 반납, 독서, 조리

**4** 이 글은 푸른곰팡이가 우리에게 도움을 준다는 내용이므로 푸른곰팡이를 이용해서 병을 '치료'할 수 있다는 내용이 가장 적절합니다. 따라서 ㉠에는 ⑤ '치료'가 들어가야 합니다.

**5** 파는 물건에 따라 시장의 종류가 여러 가지임을 말하고 있습니다.

▶ 각 관용 표현을 어떤 상황이나 장소에서 활용할 수 있을지 생각해 봅니다.

# 8주 안전과 관련된 말

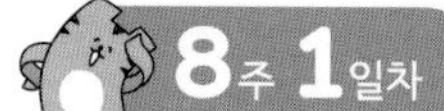

## 8주 1일차

1 (1) 좌우 (2) 안전 (3) 표지판 (4) 인도

2 (1) 좌우 (2) 안전

3 넓은 인도로 차들이 쌩쌩 다녀. / 도로에서는 표지판을 잘 보고 다녀야 해. / 선생님은 규칙을 어기면 안전한 생활을 할 수 있다고 하셨어.

4 위험
5 보도

6 보행자, 살펴야

7 스마트폰을 보면서 길을 걸었어요. ( ) / 횡단보도를 빠르게 뛰어서 건넜어요. ( ) / 인도를 다닐 때에는 안쪽으로 다녔어요. ( ○ )

8 ②

**2** (1) 버스에서 내리기 전에 옆이나 곁을 살펴야 한다는 뜻이므로 '좌우'가 알맞습니다. (2) 수영장에서 규칙을 잘 지키면 사고가 날 염려가 없으므로 '안전'이 알맞습니다.

**3** 차들은 도로로 다니고, 규칙을 잘 지키면 안전한 생활을 할 수 있다고 말하는 것이 알맞습니다.

**4** '안전'의 반대말은 '해를 입거나 다칠 가능성이 있어 안전하지 못한 상태.'라는 뜻의 '위험'입니다.

**7** 스마트폰을 보면서 길을 걸어 다니면 안 되고, 횡단보도를 건널 때에는 뛰지 말고 주위를 살피면서 천천히 걸어야 합니다.

**1** (1) ㉢ (2) ㉣ (3) ㉡ (4) ㉠

**2** (1) 화재 (2) 대피

**3** (1) 신고하다 (2) 진화하다

**4** ㉠

**5** (1) ㉰ (2) ㉯ (3) ㉮

**6** 발생하면, 신속하게

**7** ③

**8** 진화해요

**2** (1)은 불이 나지 않도록 주의해야 한다는 말이므로 '화재'가 알맞고, (2)는 지진으로 피해를 입지 않도록 안전한 곳으로 피하는 것이므로 '대피'가 알맞습니다.

**3** 화재 발생 시 소방서에 알리는 것은 '신고하다', 화재 현장에서 불을 끄는 것은 '진화하다'가 알맞습니다. '신청하다'는 '단체나 기관에 어떤 일을 해 줄 것을 요구하다.'라는 뜻입니다.

**4** ㉡, ㉢에는 '비가 많이 와서 강이나 개천에 갑자기 크게 불은 물.'을 뜻하는 '홍수'가 들어가는 것이 적절합니다.

**5** (1) '대피하다'는 '위험을 피하여 몸을 숨기다.'라는 뜻의 '피신하다'와 뜻이 비슷하고, (2) '신고하다'는 '사물이나 상황에 대한 정보나 지식을 알게 하다.'라는 뜻의 '알리다'와 뜻이 비슷하고, (3) '진화하다'는 '타는 불을 못 타게 하다.'라는 뜻의 '끄다'와 뜻이 비슷합니다.

**6** '화재'는 어떤 일이 생겨난다는 뜻의 '발생하다'와 짝을 지어 '화재가 발생하다.'의 형태로 사용할 수 있고, '대피하다'는 매우 날쌔고 빠르다는 뜻의 '신속하다'와 짝을 지어 '신속하게 대피하다.'의 형태로 사용할 수 있습니다.

**7** 화재가 발생했을 때 엘리베이터는 절대 이용하지 않도록 하며 계단을 이용합니다.

**8** 소화기는 불을 끄는 도구이므로 '진화해요'가 적절합니다.

8주 3일차

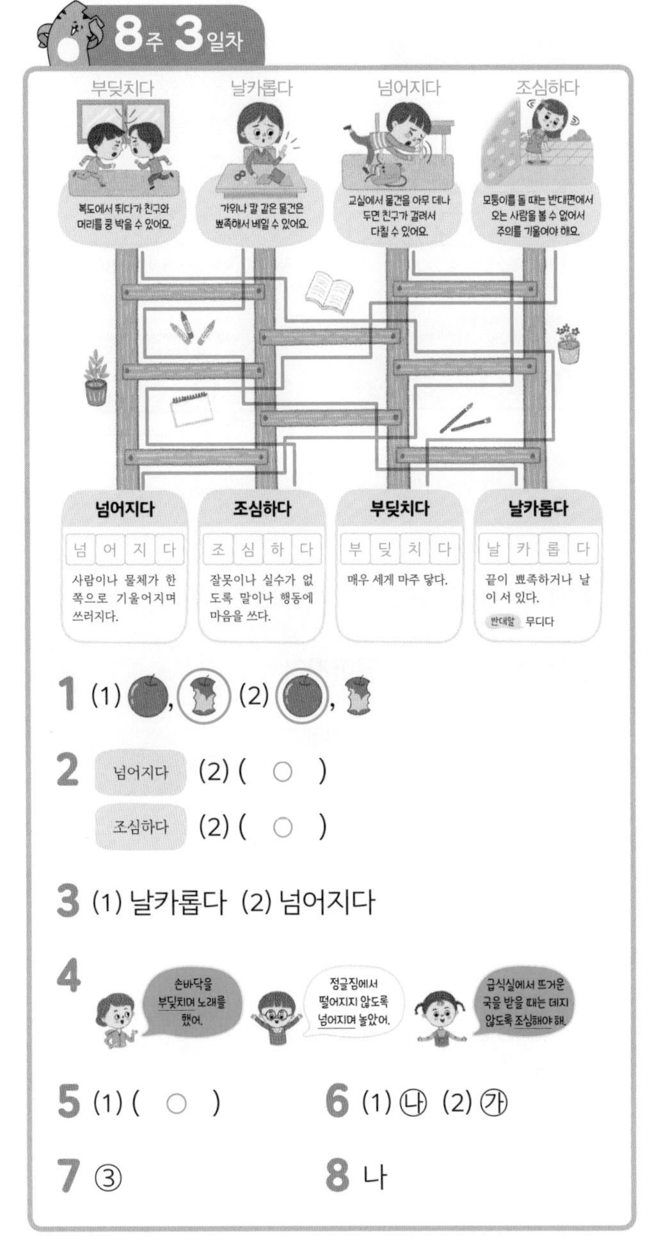


**1** (1) , (2) ,

**2** 넘어지다 (2) ( ○ )
조심하다 (2) ( ○ )

**3** (1) 날카롭다 (2) 넘어지다

**4**


**5** (1) ( ○ )

**6** (1) ㉯ (2) ㉮

**7** ③

**8** 나

**3** (1) 고양이의 발톱이 뾰족하고 날이 서 있는 모습이므로 '날카롭다'가 알맞습니다. (2) 돌부리에 걸려 쓰러지고 있으므로 '넘어지다'가 알맞습니다.

**4** 정글짐에서 떨어지지 않도록 놀았다고 하였으므로 '조심하며'가 적절합니다.

**6** '철퍼덕'은 넘어지는 소리이므로 '넘어지다'와 짝을 지어 쓸 수 있고, '뾰족뾰족'은 끝이 날카로운 모양이므로 '날카롭다'와 짝을 지어 쓸 수 있습니다.

**7** ③ 가방과 같은 물건을 바닥에 두면 친구가 걸려서 넘어질 수 있다고 하였습니다.

**8** ㉠에 들어갈 낱말은 '날카로운'입니다. 가~다 중 '사자의 송곳니'가 '날카롭다'로 설명하기에 알맞습니다.

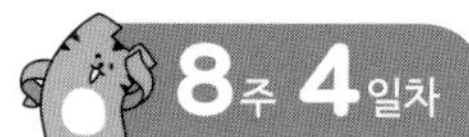

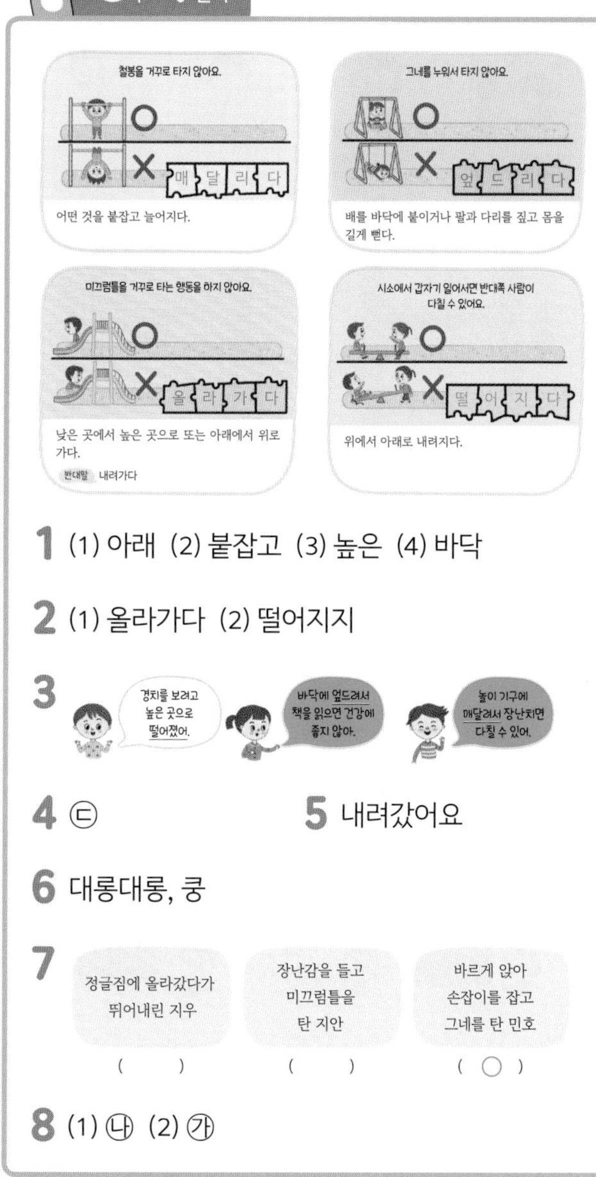


**1** (1) 아래 (2) 붙잡고 (3) 높은 (4) 바닥

**2** (1) 올라가다 (2) 떨어지지

**3**


**4** ㉢

**5** 내려갔어요

**6** 대롱대롱, 쿵

**7**

| 정글짐에 올라갔다가 뛰어내린 지우 | 장난감을 들고 미끄럼틀을 탄 지안 | 바르게 앉아 손잡이를 잡고 그네를 탄 민호 |
|---|---|---|
| (　) | (　) | ( ○ ) |

**8** (1) ㉯ (2) ㉮

**2** (1) 계단을 한 칸씩 밟으며 높은 곳으로 가고 있으므로 '올라가다'가 알맞습니다. (2) 그네에서 손잡이를 꼭 잡아 아래로 내려지는 것을 막는 것이므로 '떨어지지'가 알맞습니다.

**3** 경치를 보려고 높은 곳으로 간 것이므로 '올라갔어'가 알맞습니다.

**4** ㉠은 '달이 구름에 가려 사라지다.', ㉡은 '별을 보기 위해 옥상으로 올라가다.'라고 표현하는 것이 알맞습니다.

**6** '대롱대롱'은 작은 물건이 매달린 모양을 흉내 내는 말이므로 '매달리다'와 짝을 지어 쓸 수 있습니다. '쿵'은 크고 무거운 물건이 떨어지거나 부딪쳐 나는 소리이므로 '떨어지다'와 짝을 지어 쓸 수 있습니다.

**7** 정글짐에 올라가 내려올 때에는 뛰어내리지 않고, 장난감을 들고 미끄럼틀을 타지 않습니다.

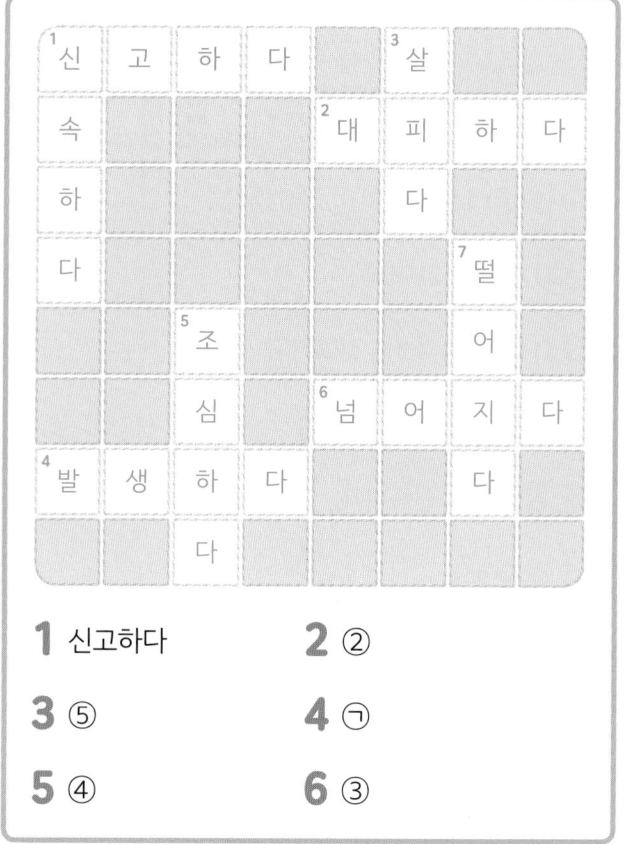


**1** 신고하다　　**2** ②

**3** ⑤　　**4** ㉠

**5** ④　　**6** ③

**3** '낮말은 새가 듣고 밤말은 쥐가 듣는다'는 말조심해야 한다는 뜻의 속담이므로 '조심'이 알맞습니다.

**5** 놀이터에서 안전 규칙을 잘 지켜 놀이 기구를 이용해야 한다는 내용의 글이므로 '놀이터를 안전하게 이용하자'라는 제목이 가장 알맞습니다.

## 한 걸음 더!

# 하루 한장 어휘 칭찬 붙임딱지

하루의 학습이 끝날 때마다
붙임딱지를 골라 붙여 케이크를 꾸며 보세요.

매일매일 부담 없이
공부 습관을 길러 주는

어휘

# 구성 한눈에 보기

| 1단계(1~2학년) | |
|---|---|
| 1주차 | 흉내 내는 말 |
| 2주차 | 마음을 나타내는 말 |
| 3주차 | 차례를 나타내는 말 |
| 4주차 | 수를 세는 말 |
| 5주차 | 계절과 관련된 말 |
| 6주차 | 나와 가족과 관련된 말 |
| 7주차 | 주변 장소와 관련된 말 |
| 8주차 | 안전과 관련된 말 |

| 2단계(1~2학년) | |
|---|---|
| 1주차 | 느낌을 나타내는 말 |
| 2주차 | 마음을 나타내는 말 |
| 3주차 | 일이 일어난 때와 관련된 말 |
| 4주차 | 재거나 세는 말 |
| 5주차 | 자연과 관련된 말 |
| 6주차 | 공동체와 관련된 말 |
| 7주차 | 우리 문화와 관련된 말 |
| 8주차 | 산업과 관련된 말 |

| 3단계(3~4학년) | |
|---|---|
| 1주차 | 의사소통과 관련된 말 |
| 2주차 | 성격을 나타내는 말 |
| 3주차 | 우리 지역과 관련된 말 |
| 4주차 | 시대별 삶의 모습과 관련된 말 |
| 5주차 | 날씨, 생활과 관련된 말 |
| 6주차 | 동물, 식물의 세계와 관련된 말 |
| 7주차 | 음악, 문화와 관련된 말 |
| 8주차 | 약속, 규칙과 관련된 말 |

| 4단계(3~4학년) | |
|---|---|
| 1주차 | 자료 활용과 관련된 말 |
| 2주차 | 느낌이나 감정을 나타내는 말 |
| 3주차 | 우리 생활 환경과 관련된 말 |
| 4주차 | 경제 활동과 관련된 말 |
| 5주차 | 자연재해와 관련된 말 |
| 6주차 | 신비로운 지구, 우주와 관련된 말 |
| 7주차 | 아름다운 미술, 문화와 관련된 말 |
| 8주차 | 인간관계와 관련된 말 |

| 5단계(5~6학년) | |
|---|---|
| 1주차 | 아름다운 우리말 |
| 2주차 | 여러 가지 말 |
| 3주차 | 토의, 토론과 관련된 말 |
| 4주차 | 인문 환경, 자연환경과 관련된 말 |
| 5주차 | 옛날과 오늘날의 문화와 관련된 말 |
| 6주차 | 생물과 관련된 말 |
| 7주차 | 지구 과학과 관련된 말 |
| 8주차 | 문화, 예술과 관련된 말 |

| 6단계(5~6학년) | |
|---|---|
| 1주차 | 문학 작품 읽기와 관련된 말 |
| 2주차 | 비문학 작품 읽기와 관련된 말 |
| 3주차 | 매체 자료와 관련된 말 |
| 4주차 | 정치, 경제와 관련된 말 |
| 5주차 | 세계의 여러 나라와 관련된 말 |
| 6주차 | 자연, 우리 생활과 관련된 말 |
| 7주차 | 운동, 에너지와 관련된 말 |
| 8주차 | 스포츠와 관련된 말 |

하루 한장 어휘와 함께하면 문해력이 쑥쑥!

# 하루 한장 문해력 향상 프로젝트

**어휘로 문해력의 기초를 다지고 싶다면?**

## 하루 한장 어휘 * 6책, 학년별

국어 학습의 기본이 되는 초등 필수 어휘를 익혀요.
문장과 글 속에서 어휘를 활용하는 연습을 할 수 있어요.

**기본 문해력을 다지고 싶다면?**

## 하루 한장 독해 * 6책, 학년별

독해 원리 학습을 통해 독해의 기본을 공부해요.
국어 교과와 연계하여 문해력의 기초를 다질 수 있어요.

**좀 더 향상된 문해력을 가지고 싶다면?**

## 하루 한장 독해+ * 6책, 학년별

본격적인 독해 훈련으로 실전 감각을 키워요.
고난도 독해를 해결하며 문해력을 향상시킬 수 있어요.

**문해력을 키우며 배경지식을 넓히고 싶다면?**

## 하루 한장 비문학독해 사회편/과학편 * 6책, 학년별

사회, 과학 교과 연계 지문을 통해 배경지식을 확장해요.
비문학 독해를 중점적으로 훈련하며 문해력뿐만 아니라 교과 공부력을 키울 수 있어요.

**하루 한장 어휘 케이크 꾸미기**

어휘 실력을 키울 때마다 예쁘게 꾸며지는

_______________ 의 케이크

↑ 이름을 쓰세요.

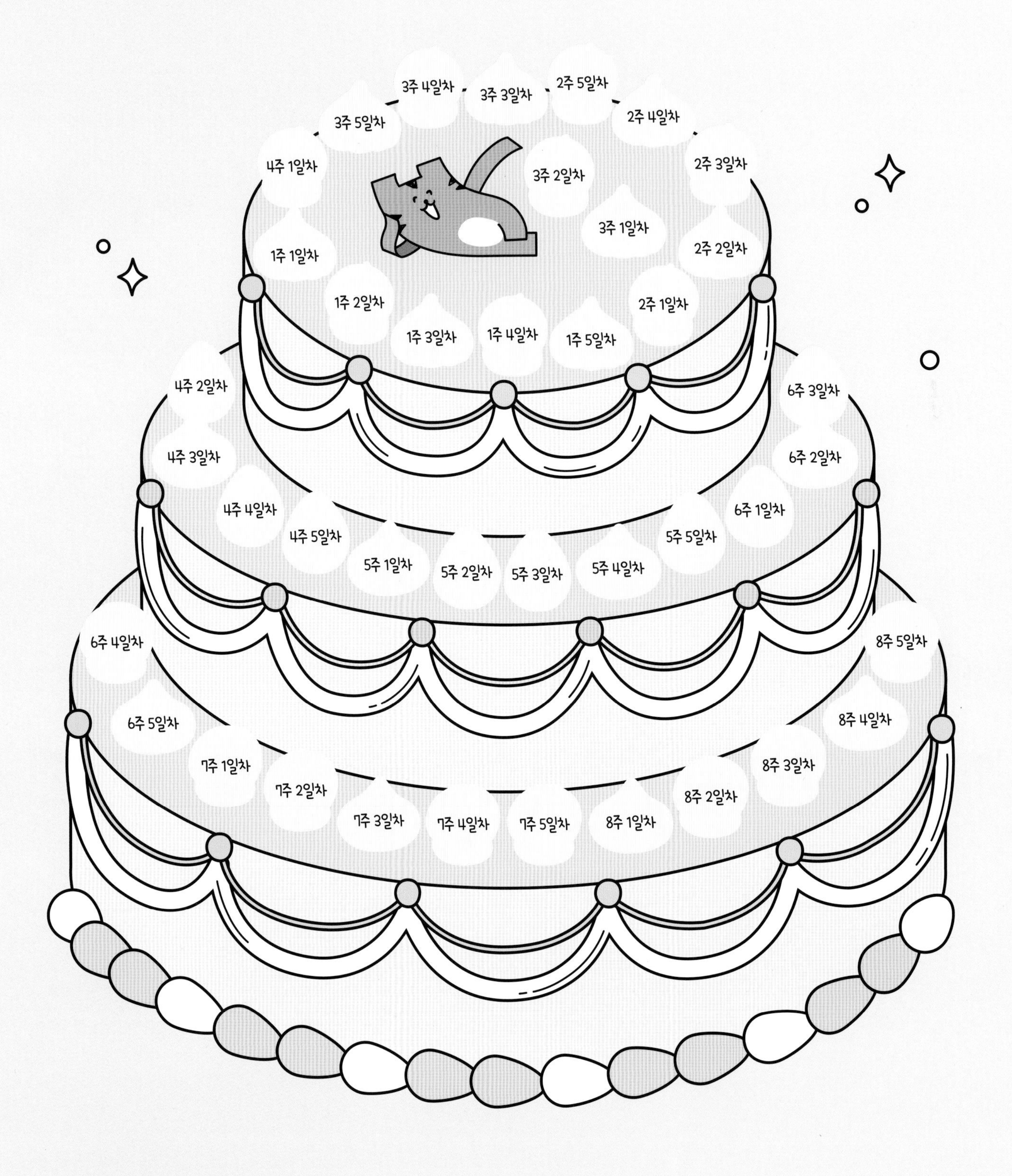


케이크를 다 완성했을 때 부모님과의 약속♥

'가위로 선을 따라 잘라 보세요.'